メイクしたてなのに「疲れてる？」って聞かれるのは、なぜ？

answer

ベースメイクで肌トラブルを隠そうとすると、血色や肌ツヤに蓋《ふた》がされ、不健康そうな顔に。しかもポイントメイクが薄いので、血色もメリハリも失われます。だから「疲れてる」ように見えるのです。

「崩れない」って書いてあるのになんで私はすぐ崩れるの？

answer

「崩れない」コスメは余分な皮脂を吸着させるため崩れやすい部分だけに使うもの。乾燥しやすい部分に塗ると、必要な皮脂まで奪ってしまいます。これが乾燥を促し、過剰な皮脂分泌の原因に。

高級コスメを使っても結局変わり映えしない……

answer

メイクアップアーティストがモデルにメイクをするとき、付属チップは使いません。柄が長い専用ブラシのほうが、軽い力できれいに色がのるからです。そう、道具を見直すだけでもメイクの仕上がりは別格級に変わります。

すべては透明感メイクが解決してくれる

「濃すぎず薄すぎない」「何歳でも似合う」「誰からも好印象」

「短時間でできる」「高級コスメに頼らない」

「どんな場面にもふさわしい」「メイクが苦手でも大丈夫」

……これらをすべて叶えるのが透明感メイク。

ほどよい血色感とツヤ、ヘルシーさと清潔感がにじみ出るメイクです。

しかも、いつものメイクと「頑張りどころ」を変えるだけだから
難しくありません。

大切なのは力加減と道具の使い方です。

「頑張りどころ」を
変えるだけで、
誰でも透明感は取り戻せる！

私がのべ1万4000人以上にメイクを指導して気づいたのは、みなさんがよかれと思ってやっていることの多くが、透明感を失わせているということです。

メイクは固定観念に縛られやすいもの。裏を返せば、これまでのメイクの誤解は透明感を手に入れるための伸びしろということです。本書では、私が指導した方の多くが透明感アップを実感した話を厳選して紹介します。

だから、いつものコスメで
こんなに透明感が出せる

Before

悪目立ちしない
眉が顔を
引き立てる！

目の輪郭が
はっきりして
メリハリが出る！

口元が引き締まって
品よく見える！

血色感と
ツヤが宿って
健康的な肌に！

After

目次

2章 eye makeup

目の輪郭だけ引き立たせるのが透明感アイメイク

3章 cheek & lip make up

顔を明るく見せる血色感をつくるのが透明感チーク&透明感リップ

4章 touch-up makeup

「時間が経っても美しく、崩れても直しやすい」が透明感メイクの証

5章 party makeup

透明感に華やかさもプラスする極意

APPENDIX

大人メイクの悩みが消えるQ&A

1章 base makeup

透明感のある肌は潤いと血色感でつくる

透明感メイクが目指すのは、
「ほどよく赤みがあり、
自然なツヤと潤いを感じさせる」状態です。
元々健康的な素肌に、
厚すぎず薄すぎずちょうどいい
メイクをしたような仕上がり、とも言えます。
いつもより健康的に見えて
清潔感をまとった肌をつくっていきましょう。

透明感メイクのベースはいつもの2倍量の下地から

下地は、ベースメイクのなかでいちばんのキーアイテム。下地こそすべてだと私は考えています。メイクのなかでいちばん時間をかけるのも下地です。なぜなら、肌悩みのほとんどは下地が解決してくれるから。

ファンデーションが肌悩みを消してくれると思いがちですが、ファンデーションはあくまでも肌色を整えるものです。しかしたいていの方は下地よりもファンデーションをたっぷり使う傾向が。実際、私がメイク指導した方の9割の方はファンデーションを使いすぎていて、下地の量は足りていません。

私は「下地2に対してファンデーションは1の割合で使ってください」とお伝えしています。下地で肌悩みを一通りカバーし、全体の肌色をファンデーションで整えるという使い方です。肌悩みをカバーするのではなく、肌全体の色みを整えるというのが、ファンデーションの役割なのです。

90%の方が
透明感アップを実感

base makeup

下地さえ十分に仕込んであれば、肌とファンデーションを密着させる「つなぎ」の役割と、ファンデーション本来の色を十分に引き出してキープしてくれるので、ファンデーションが少なくても大丈夫。ファンデーションの量が少なくて済むので、メイク崩れもしにくくなります。

スキンケア、日焼け止め、下地、ファンデーション、コンシーラーの5役を担うBBクリームを使いたくなる気持ちもよくわかりますが、下地とファンデーションの量が調整できず、結局悩みが浮き彫りに……。メイク直しに時間もかかります。

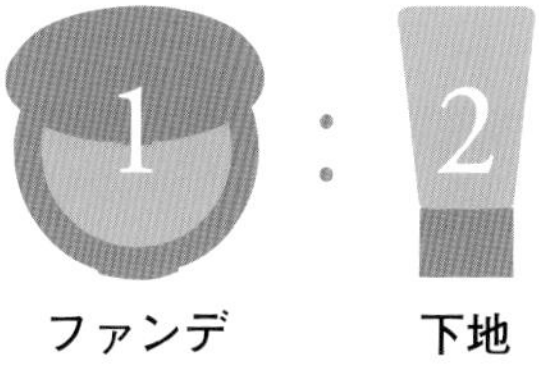

下地よりファンデーションの量が多くなりがちですが、下地はファンデーションの約２倍量を贅沢使いしてください。

インテグレートミネラルベースCC ￥1000(編集部調べ)／資生堂

透明感の高いツヤと血色感でメイク映えする美肌に見せる、なめらか感触の下地です。

下地はピンク一択！ほんのりとした赤みが透明感に直結

80%の方が透明感アップを実感

下地を使うことの大切さは理解できたけれど、色の選択肢が多すぎて何を選べばいいかわからない、という方も多いと思います。

赤みやくすみが気になるという方の約8割が「グリーン系」や「ブルー系」「イエロー系」といった色を選びがちです。理由は、これらの色が赤みやくすみを消すとされているから。しかし、じつはこれらの色は、にごったような肌色になって顔色が悪く見えたり、白浮きして見えたりすることもあります。

反対に、どんな肌色の方でも使いこなしやすいのはピンク系の下地です。ピーチやアプリコットのようなピンクを選べば失敗しません。これらを使うことで透明感のある肌づくりのポイントである「ほどよい赤み」「健康的な血色感」が実現します。肌のくすみをとばして顔色を明るく見せ、やさしい印象に仕上げてくれるのです。

下地は透明感のある肌づくりの土台となる重要なアイテム。スタートがうまくいくだけで、次のファンデーションの仕上がりも変わるので、ピンク系下地が透明感の主役といっても過言ではありません。何よりも、肌がきれいに仕上がると気分を上げる効果まで。

まずはカバー力よりも毎日使いこなせることを重視して「ピンク系下地」に挑戦してみましょう。

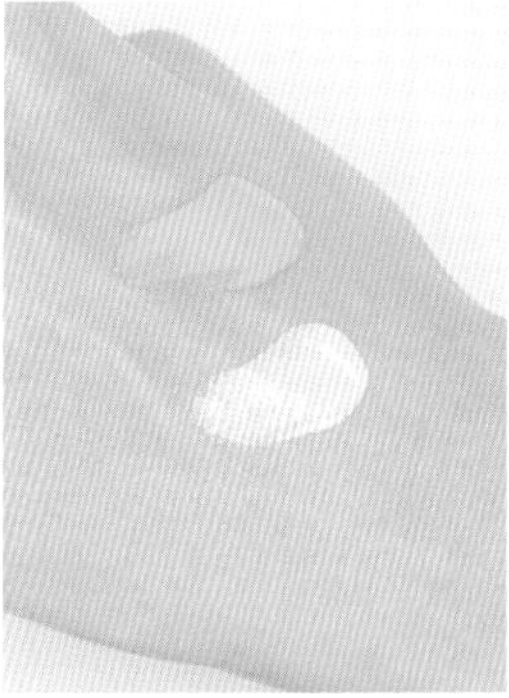

ピンク系下地が、ほどよい赤みと健康的な血色感をつくり、透明感の元になります。写真左のようなオレンジがかったピンク系下地なら肌色を選びません。肌の色が白い方は写真右のパープルがかったピンク系下地もおすすめです。

ナチュラグラッセ カラーコントロール ベース 02 ¥3200／ネイチャーズウェイ

とろみのある乳液状のテクスチャーが肌表面をなめらかにし、明るく血色感のある肌に。

メディア メイクアップベースS（オレンジ） ¥750（編集部調べ）／カネボウ化粧品

くすみが気になる方はオレンジ下地を使っても◎。くすみが補整されパッと明るく健康的な肌になります。

「下地代わりの日焼け止め」は透明感の大敵だった

紫外線は肌の大敵。シミやシワなど、肌老化の大きな原因になります。最近は夏だけではなく、一年を通して、美白ケアや紫外線対策をしている方が増えていて、とてもよいことだと思います。

ただ、メイクのときに、日焼け止めを下地として使うことはおすすめしません。「下地効果がある」と表示してある日焼け止めもありますが、日焼け止めのいちばんの機能は、紫外線から肌を守ることです。色補整や毛穴カバーや皮脂コントロールといった、下地としての働きが最優先ではありません。

今は化粧下地、ファンデーション、フェイスパウダーなど、ベースメイクアイテムにまで、紫外線を防ぐ効果があるものが増えています。だから、真夏に海に行ったり屋外で長時間スポーツをしたりする以外は、日焼け止めのステップを省いても、それらのアイテムで日常の紫外線は防げます。

90%の方が
透明感アップを実感

base makeup

しかもＵＶカット効果の高い日焼け止めを朝に塗っても、手で触ったり、汗をかいたりするうちに日焼け止めは落ちてしまうもの。塗り直しが必要になりますが、メイクを全部落として日焼け止めをつけるのは現実的ではありません。

その点、ＵＶカット効果のある化粧下地、ファンデーション、フェイスパウダーで朝のメイクをしておけば、メイク直しのときにはＵＶカット効果のあるフェイスパウダーを使うだけ。多少ＳＰＦやＰＡ値が低くても、しっかりと対策ができます。

これを機に紫外線対策のためのアイテムを見直してみませんか？

「崩れ防止下地全顔塗り」は潤いと透明感を根こそぎ奪う

下地は、色補整や毛穴カバーをしてくれるとお話ししましたが、テカリやメイク崩れの大きな原因となる乾燥や皮脂をコントロールし、メイクのもちを高める働きもあります。これは、メイク直しをする時間のない忙しい方の多くが求める機能です。

しかし「メイクを崩したくないから」と崩れ防止下地を顔全体に塗ってしまうのは潤いを失う原因に。

これは皮脂分泌の多いおでこや鼻といった「Tゾーン」に塗るものです。顔全体に塗ってしまうと、肌に必要な油分までをも吸着してしまい、時間が経ったら乾燥を引き起こして肌がカピカピ……ということに。メイク崩れを防ぎ、メイク直しの手間を省くために使ったのに、メイクがボロボロと崩壊して化粧直しに時間がかかってしまい、まさに本末転倒です。ですが、崩れ防止下地を顔全体に塗っ

メディア ラスティングベース
¥900（編集部調べ）
／カネボウ化粧品

皮脂やテカリを防ぐ、メイクもち持続下地です。ピンクベージュが肌にほんのり明るさを与えてくれます。

70%の方が
透明感アップを実感

base makeup

ている方は、7割以上を占めていたのです。

そもそもメイク崩れの原因はひとつではありません。乾燥しやすい頬や目のまわり、口元は、潤い不足からメイク崩れをしている場合もあります。特に30代からは皮脂分泌量が変化し乾燥しやすくなります。ほかに、ファンデーションやコンシーラーを重ねすぎて厚塗りになり、コスメの油分でヨレて崩れているパターンもあります。

それらの崩れを防ぐために必要なのは、保湿や塗る量の調整です。皮脂吸着成分を配合した崩れ防止下地1本では、顔全体をきれいに仕上げることはできません。

崩れ防止下地自体はとてもよいアイテムですが、正しい場所に正しく使ってこそ本来の力を発揮するアイテム。

だからこそ、使い方を間違えていたり、使いこなせていないのはもったいない。使う部分はおでこ、鼻など、皮脂分泌が多くテカリやすい部分だけです。ほかの部分は、それ以外の下地を選びましょう。

アルブラン 潤白美肌 モイスチュアキープベース ￥4000（編集部調べ）／花王

乾燥を防いでくれる保湿系下地。透明感のある明るい仕上がりを長時間持続させてくれます。

プリマヴィスタ 皮脂くずれ防止化粧下地 ￥2800（編集部調べ）／花王

気温や湿度が高い日でもテカらせず、ファンデーションのきれいな仕上がりを持続させてくれます。

崩れ防止下地を塗るのは
顔の一部だけ

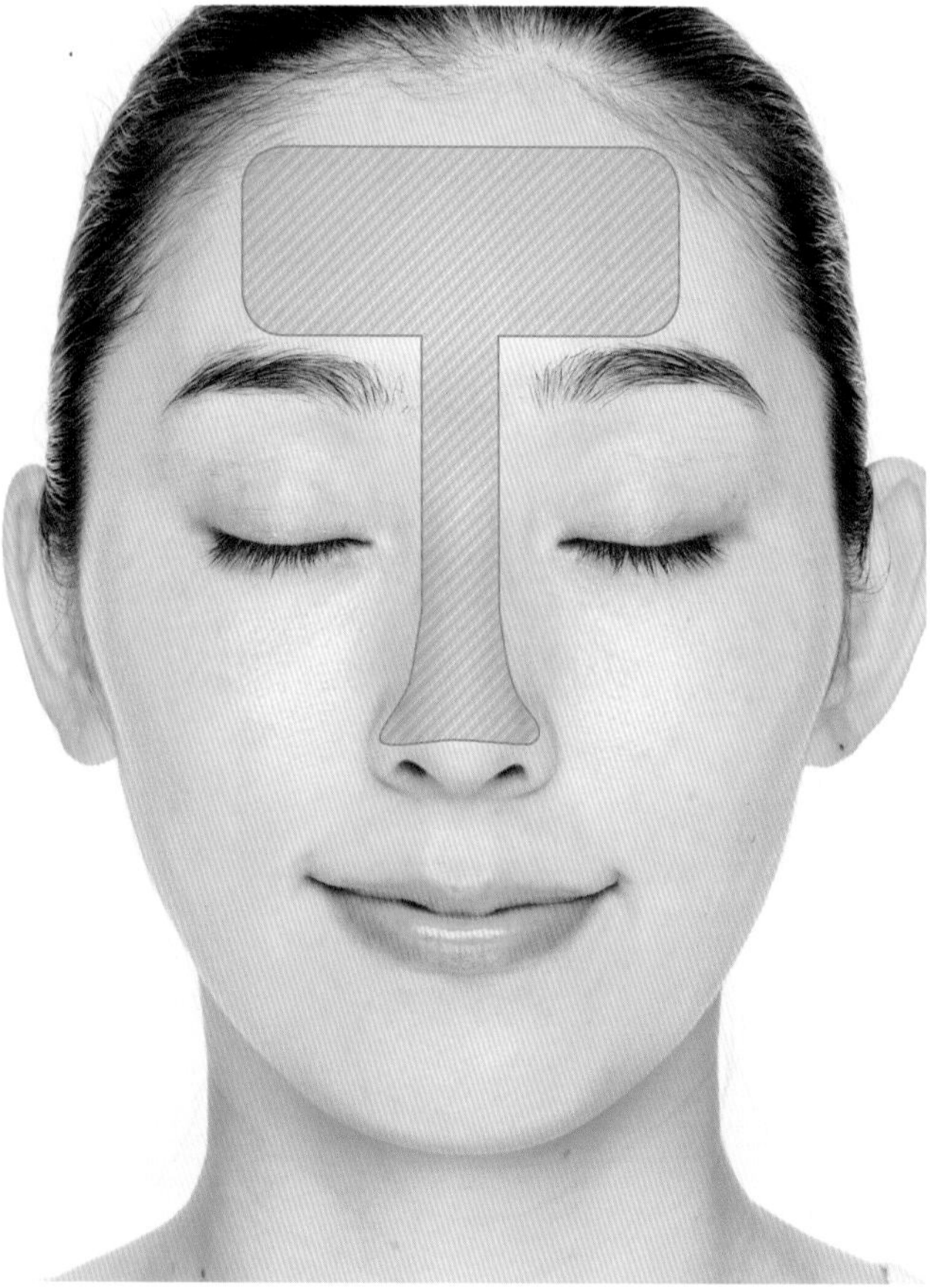

崩れ防止下地を塗るのは、皮脂分泌の多いおでこと鼻だけにします。ほかの部分はそれ以外の下地を。崩れやすそうに見えるかもしれません。むしろこれこそが崩れを未然に防ぐテクニックです。

「力加減」が、失われた血色と消えた透明感の原因

ベースメイクを塗っているときの状態を鏡で見てみてください。頬や目、口元が引っ張られていませんか？　引っ張られていたら、力の入れすぎです。肌に負担をかける原因にも。ベースメイクで、そんなに力を入れる必要はありません。

力が入ってしまう原因のひとつが指にあります。肌につけたり、伸ばしたりするときに人差し指を使っていませんか？　人差し指はいちばん力が入る指なので、メイクでは基本的には使いません。

代わりに薬指と中指を使います。伸ばすときは薬指の腹の第二関節までの「面」で肌を包むように塗り伸ばしてください。中指はぼかしたり量が多かったときに整えたりするために使用します。

どちらの指を使うときも力加減は「赤ちゃんの肌をなでる」くらいのやさしさを意識。やわらかくデリケートな赤ちゃんの肌を触るときの気持ちで、自分の肌

85%の方が透明感アップを実感

base makeup

を大切に扱いましょう。
リキッドファンデーションを塗るときにさらにおすすめなのがブラシ。手が汚れず、ファンデーションを手早く薄く伸ばせて厚塗り防止にもなります。ブラシは柄が長い分、力が入りにくいので、肌への圧も加減できます。最近は１００円台からのプチプラでも質のよいブラシが売っています。実際に私もプチプラのブラシを使っていますが、その使用感のよさには驚かされています。
指やブラシで伸ばしたら、スポンジでなじませ、しっかりと密着させましょう。このひと手間が余分な油分を吸収し、なめらかな透明肌をつくります。

NG !

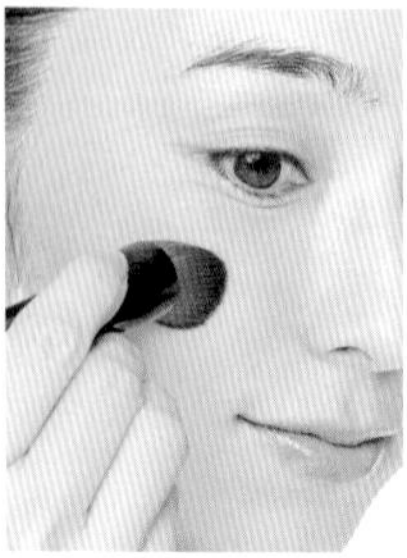

肌が引っ張られているのは力を入れすぎの証拠。

OK!

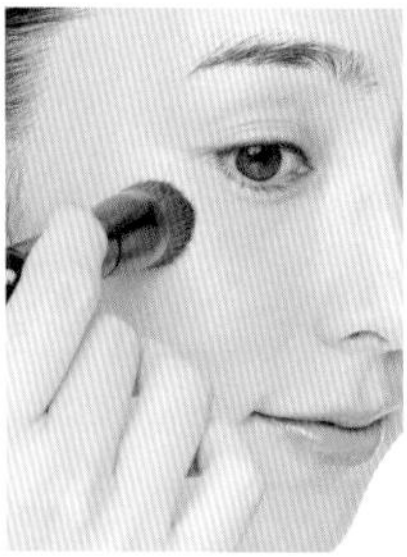

赤ちゃんの肌をなでるような、やさしい力加減で！

資生堂ファンデーションブラシ（専用ケース付き）131
￥1800／資生堂

完成度の高い美肌をテクニックフリーで実現してくれるファンデーションブラシです。

時間が経つほどツヤが出る透明感ファンデーションの選び方

ファンデーション選びでつい重視しがちな「カバー力」は、本来、化粧下地の役割です。ファンデーションのいちばんの役割は「肌色を整える」こと。ファンデーションですべてをカバーしようとすると、不自然な仕上がりになってしまったり、メイク崩れしやすくなったりします。カバー力の高いファンデーションは油分が多く質感がもったりしていて、特に夏は汗や皮脂と混じってドロドロになりやすかったり、毛穴落ちして隠したいはずの部分がより目立ったりすることも。

しかも肌全体に塗ると、べったりと厚塗り感が出てしまいます。素肌感や清潔感、透明感のある肌とはかけ離れた印象に……。

塗った瞬間だけではなく、時間が経っても美しくなるようにベースメイクをしていきましょう。肌から自然に出てくる皮脂や汗とミックスされて、それが自然なツヤとなることで、健康的で若々しく見えるのです。

75％の方が
透明感アップを実感

base makeup

35ページで紹介する美肌エリアさえ肌色が整っていれば、全体もナチュラルで若々しい印象に見えます。だからこそ、ファンデーションはカバー力よりも、素肌感のある仕上がりを目指し、ツヤ感と透明感で選びましょう。ファンデーションの種類はいろいろあります。時間がない方ならパウダータイプが手軽ですし、乾燥しがちな方なら保湿効果の高いクリームタイプもいいでしょう。扱いやすさで選ぶなら、私はリキッドタイプのファンデーションをおすすめします。シャバシャバではなく、少し角が立つくらいの粘度が目安。伸びがよくて塗りやすく、肌もきちんと保湿できます。買うときにテスターを使って粘度の確認をすれば、透明感ファンデーションを選べます。

アルブラン 潤白美肌 リキッドファンデーション
￥5000（編集部調べ）／花王

明るく、自然なツヤ感を生み出す透明感向上処方。伸びも軽やかで肌にフィットします。

foundation

ファンデーションの種類と選び方

それぞれのファンデーションの特徴を知り、
自分にぴったりのものを賢く選びましょう。
シーンや肌状態、季節によって使い分けるのもいいですね。

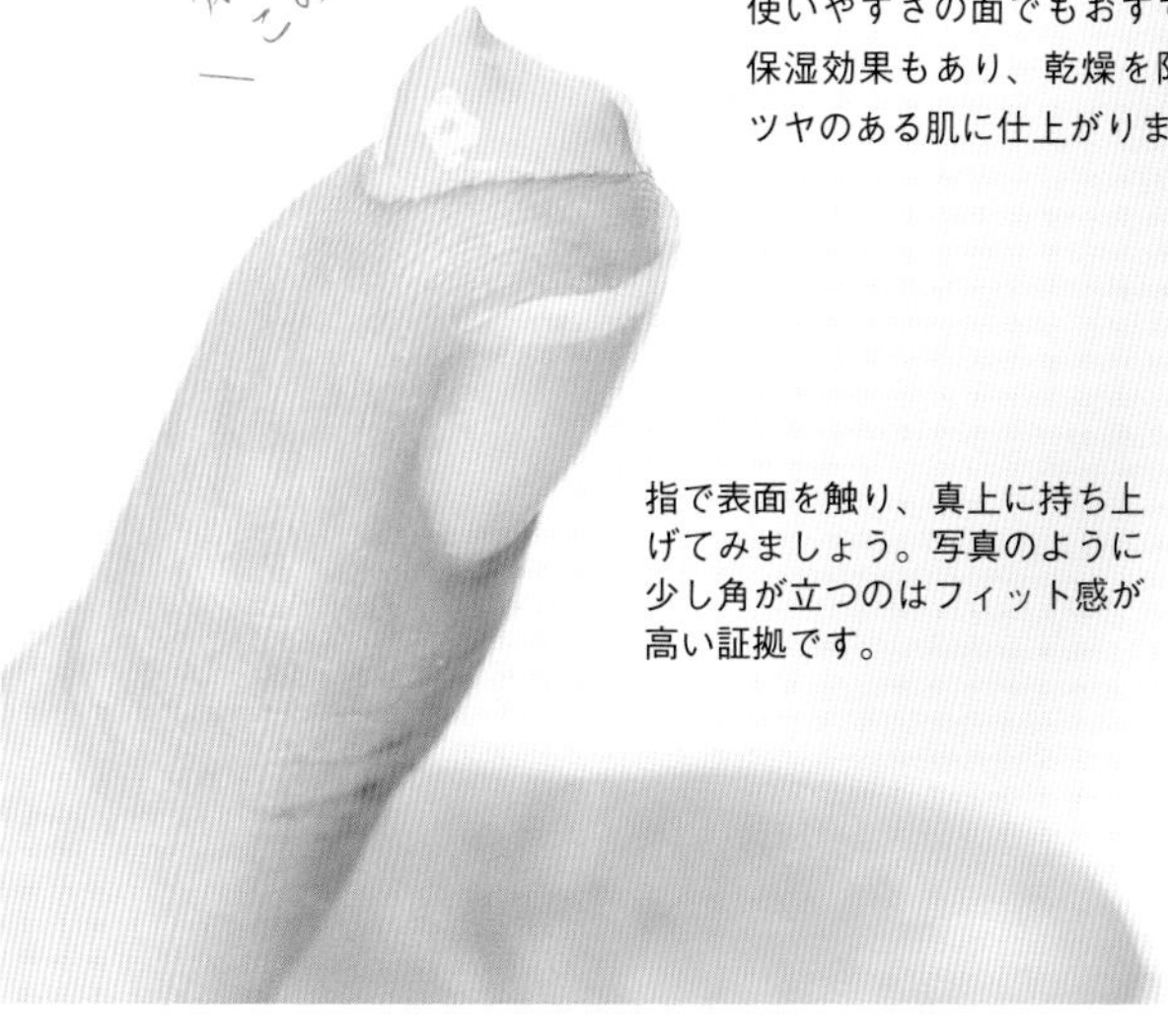

01

使いやすさと保湿力を兼ね備えた万能選手

リキッドファンデーション

水分が多く、やわらかな液体状のファンデーション。伸びがよく、肌への密着感が高いので、使いやすさの面でもおすすめ。保湿効果もあり、乾燥を防ぎ、ツヤのある肌に仕上がります。

指で表面を触り、真上に持ち上げてみましょう。写真のように少し角が立つのはフィット感が高い証拠です。

02

乾燥しがちな方でも安心できる保湿力の高さ

クリームファンデーション

油分が多く、カバー力、保湿力の高いファンデーション。乾燥しがちな方におすすめです。ただし、厚塗りになりやすいので、塗る量に注意し、顔全体がのっぺりしないように気をつけましょう。

03

パッと塗れる手軽さで忙しい方の最強の味方

パウダーファンデーション

肌にふんわりのり、ややマットな仕上がりに。手軽に使えるので、時間がかけられない方におすすめです。メイク直しのときにフェイスパウダー代わりとしても使えます。その方法は136ページで。

04

みずみずしい仕上がりで携帯にも便利

クッションファンデーション

スポンジタイプのクッションにファンデーションが染み込ませてある、コンパクトタイプのファンデーション。みずみずしい使用感で、パウダーファンデーションのように持ち運びできます。なお、「一つで○役」と書いてあるものも多いですが、下地との併用がおすすめです。

05

手を汚さずに塗れるのに肌にぴったり密着

スティックファンデーション

繰り出して使うタイプ。カバー力が高く肌に密着します。ただし顔全体を均一に塗ると厚塗り感が。美肌エリア（35ページ）だけにのせてスポンジで全体になじませ、最後はフェイスパウダーで仕上げます。

「5点置き」信仰が透明感の大敵、厚塗りの原因に

ファンデーションを塗るとき、おでこ、両頬、鼻、あごの5点に最初に置いてから塗っていませんか?

ベースメイクの基本の塗り方として紹介されることも多いのですが、最初に5点置きして塗り始めると、最後に塗るところはすっかり乾いてしまい、伸びないことも。密着感の高いコスメは、特に揮発しやすく乾きやすい傾向があります。その結果ムラになったり、伸びないからとつけ足して厚塗りになったりして、透明感から遠ざかっていくのです。

透明感をつくるコツは、置いた部分から、乾かないうちに手早く伸ばしていくこと。左右交互に塗り仕上げます。塗り始めの位置は、目の下を底辺とする、逆三角形の「美肌エリア」です。美肌エリアは顔の中心であり、印象を決める大切な部位。ここが明るくなめらかに仕上がっていると、肌全体が美しく見え、立体

70%の方が
透明感アップを実感

base makeup

的な顔立ちに。しかし、クマやくすみ、赤みなどの色ムラがあると肌印象がダウン。まずはこれらをきちんとカバーしましょう。美肌エリアを起点にし、目尻側に向かって伸ばしていくことで、カバーしたい部分は厚く、カバー不要なフェイスラインは自然に薄くなります。「中心から外側へ」の塗り方で、のっぺり顔を防いで立体感のある仕上がりに。

美肌エリアの次は、額の中心に少量を置き、やはり外側に向かって伸ばします。鼻筋やあごなどは、特に色ムラなどがなくカバーする必要がなければ、指に残っている量を軽く伸ばすくらいで十分です。

カバーするべき場所、しなくていい場所を知ってこそ、透明感のある肌を手に入れることができます。

[美肌エリア]から外へ伸ばすと立体感が生まれる

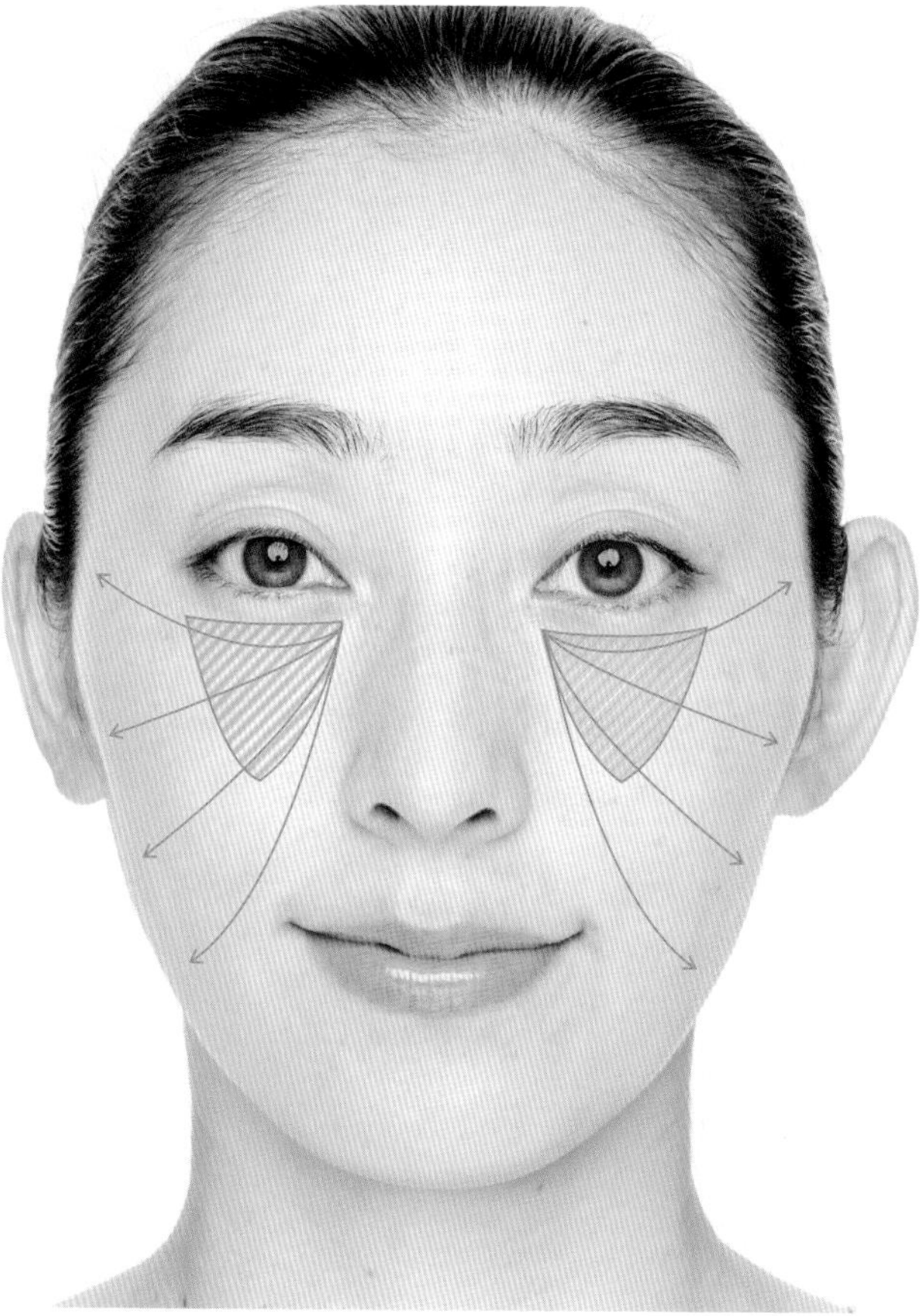

透明感メイクに「首と頬の色合わせ」は必要なし

前頁でも説明しましたが、ファンデーションは顔全体に均一に塗る必要はありません。首元まで塗ると、白浮きしたような、のっぺりした顔に見えてしまいます。

美肌エリアからスタートし顔の外側に向かって指やブラシで伸ばしますが、顔と首の境目まできっちりと塗らないこと。

美肌エリアは色ムラや毛穴などの肌悩みをカバーし明るく見せたい部位なのできちんとファンデーションを塗りますが、一度、頬骨のあたりで止めましょう。あとはスッと力を抜くと、顔と首との境は薄く色がのり、自然な感じに仕上がります。習字の「はらい」をイメージしてもらうと、わかりやすいでしょうか。

頬の色と首の色は元々違います。無理に合わせる必要はありません。ポイントは自然なつながりをつくること。それを可能にするのがこの塗り方です。顔と首の境目ではっきりと色が変われば不自然ですが、顔の中心からだんだんと薄く

80%の方が
透明感アップを実感

base makeup

なっていけば、顔と首の色の差は気になりません。それだけでなく小顔にも見える塗り方なので「小顔塗り」と呼んでいます。

ちなみに、顔と首との境目をフェイスラインと言います。フェイスラインは、頬と首の中間くらいの明るさです。ファンデーションの色選びは、フェイスラインを基準にしましょう。3色ほどフェイスラインにのせていき、鏡を少し遠くに置いて、見え方をチェックしてください。どの色がいちばん肌にフィットしているかで選べば失敗しません。

着物を着るときは、首元までファンデーションを塗り、少し平面っぽい仕上がりにしたほうが美しく見えます。

美肌エリアをメインに塗る方法だと、着物の品のよさが引き立たないことが。フォーマルな場で着物を着る場合は、首元までファンデーションをのせるとよいでしょう。

顔だけ真っ白を防ぐのは
［止め］［払い］

1

↓

2

ブラシか、指で塗ります。指なら、薬指の第二関節までを使いましょう。美肌エリアから頬骨までは一筆で。ここで、はらいのように力を抜きます。ブラシや指の位置を上下にずらし、片頬あたり上中下の計３回で塗るのが目安です。

崩れないのに自然なツヤを宿す保湿系ファンデーション

40%の方が透明感アップを実感

base makeup

「崩れ防止下地」に「崩れ防止ファンデーション」を組み合わせる方が多いのですが、これは鉄壁の守りどころか、かえって崩れの原因になりかねません。化粧下地もファンデーションも、崩れ防止のコスメには皮脂を吸着する成分が配合されています。それを重ねると、肌は油分を取られすぎて乾燥。すると肌は「皮脂が足りない」と勘違いしてかえって皮脂分泌が盛んになり、よりテカってしまう場合もあります。

無敵の組み合わせは、化粧下地は崩れ防止下地、ファンデーションは保湿系。余分な皮脂を抑えつつ、油分のとられすぎは防いでくれます。この方法なら、メイク直しをするとしてもフェイスパウダーを重ねる程度で元通りに。もし、崩れ防止下地に崩れ防止ファンデーションを重ねていたら、過剰な皮脂をオフするために一からメイクし直さないといけません。

ブラシを使って、美肌エリアから一筆でファンデーションを塗った後、ブラシに残ったファンデーションで、小鼻の横や頬など、崩れやすい部分になじませます。今度は逆に内側に向かってブラシを動かすと、毛穴に入り込み、きれいにカバーでき、崩れにくくなります。

指だとつける量が多くなりやすいので、ブラシのほうが簡単に、崩れにくくきれいに仕上がります。

エクセル スキンティント セラム
ST02、ST04
各￥1800／常盤薬品工業

透明感あふれるツヤも保湿感ももたらすリキッドファンデーション。ST02、ST04は特に使いやすい色です。

ファンデーションの量が汗にも乾燥にも耐える透明感のカギに

65%の方が透明感アップを実感

メイクは単なるルーティンになりがち。自分の肌コンディションにかかわらず、毎日、同じ量のファンデーションを同じような順番で塗って、一年を過ごしている方は少なくありません。

でも、夏と冬では気温も湿度も大きく違います。皮脂や汗の分泌量、水分量は季節で変わり、肌のコンディションにも影響します。1年間毎日、まったく肌の状態が変わらないという方はいません。

乾燥する冬はファンデーションを少し多めに使い、肌の水分が逃げないようにきちんとカバーしてあげる、夏は皮脂や汗の分泌が多くなるので少なめにするなどの調整が必要です。

夏と冬でファンデーションの種類を変えるとよりよいのですが、使い切るのが大変だったりお金がかかったりしますよね。ライフスタイルが大きく変わるのでなければ、化粧下地や使用量の調整で十分対応できます。特に大事なのは化粧下地。冬は保湿系、夏は皮脂コントロール系の化粧下地を組み合わせるなどで調整できれば、ファンデーションは量を調節すれば十分。どんな季節でも、透明感のある肌に仕上げることができます。

ちなみにこれは豆知識ですが、ファンデーションは生産された場所の湿度に合わせてつくられています。海外で販売されているコスメと国内で販売されているコスメでは、それぞれの環境の違いから、伸びやもち、保湿効果が異なります。つまり同じ製品でも、国内のデパートで売られているものと海外から届く並行輸入品では仕上がりが違うのです。通販で海外製品を買ったら崩れやすかったり上手に使えなかったりした、という場合はこれが原因かもしれません。海外製品を選ぶときは、販売国の気候もちょっと頭に入れておくといいでしょう。

夕方以降に買えばファンデーション選びに失敗しない

ファンデーション選びで失敗しないコツは、即決しないこと。

なぜなら、ファンデーションは時間で変化するものだからです。油分を含むため時間とともに酸化し、肌から出る皮脂や汗と混ざり合ったり、乾燥したりします。肌そのものも朝と夕方ではコンディションが変化します。塗った直後はいい感じでも、3時間後はどうでしょう？　5時間後はどうでしょう？　つけたてのときと、色やツヤの具合が違うはずです。

しかもお店の照明は、光の強さ、高さ、角度などが工夫されていて、いつもより肌がきれいに見えやすいもの。お店のなかだけで仕上がりを判断せず、外の自然光のもとで見るのも大事です。午前中にお店に行ってちょっと試して、夕方になってもいい感じだったら買う。ファンデーションはそのくらい、時間をかけて検討してほしいコスメです。

80%の方が透明感アップを実感

base makeup

「試させてもらったのに『考えます』とは言いにくい……」という方もいるでしょう。私自身もかつて売る側にいた人間なのでわかりますが、気にする必要はありません。もちろん即決してもらえたらうれしいのは事実です。でも「ちょっと考えます」と言ってくれれば、販売する側は次の接客や違う仕事に行けます。その場で答えを出そうとして何十分か迷うよりも販売員にやさしいひと言なのです。

サンプルをもらえるのなら、ぜひもらって検討しましょう。時間による変化だけでなく、自分で塗っても販売員と同じように仕上がるのかがわかります。時間を置いて、じっくり検討してから購入しましょう。

透明感を台無しにするパレットコンシーラーに要注意

コンシーラーは「肌の修正ペン」。細かい部分は、ファンデーションではなくコンシーラーでカバーします。クマ、シミ、まぶたのくすみや小鼻脇の赤みのカバー、唇の輪郭補整など、メイク直しのマストアイテム。でも残念ながら、使いこなせないアイテムナンバー1でもあります。特に何色もセットされたパレットタイプのコンシーラーは、メイクアップアーティストでも使いこなすのが難しいコスメです。

店頭でつけてもらうと仕上がりも自然で、「簡単そう」「こんなに色があってお得」とつい買いたくなるのですが、自然に仕上げるには技術が必要です。悩みに合わせてコンシーラーを混ぜ、色を調整して初めて自然に仕上がります。色も均等に使っている訳ではありません。元々硬いのでムラになりやすいのですが、使わない色は酸化してさらに硬くなり、伸びが悪くなるという難しさも。

85%の方が
透明感アップを実感

一方、テクニック不要で誰でも使いやすいのが、チップタイプのコンシーラー。みずみずしくて肌になじみやすいため、パレットタイプよりも失敗しにくいのです。肌の色に近く、赤みのある色を選ぶとよいでしょう。なかでもどんな肌色、肌悩みにも対応するのがオレンジ系の色。多くの方が選ぶベージュやオークル系、白っぽい色は、じつは色浮きしやすいので、難易度が高めです。

買うならまずテスターを試し浮き具合やなじみをチェック。腕を前に伸ばした距離で鏡を確認しましょう。これは人と話すときの距離と大体同じです。また、ファンデーションと同様に、時間を置いて色の変化やもちも確かめましょう。

左から白系コンシーラー、ベージュ系コンシーラー、オレンジ系コンシーラー。肌悩みをカバーするならオレンジ系を使うと、本来の肌の色に溶け込むようになじみます。

ザ・セム CPチップコンシーラー 1.5 ¥780／インターナショナルコスメティックス

自然に肌をカバーするのはもちろん、保湿感のあるつけ心地で肌に密着。透明感のある肌にしてくれます。

tip type concealer

チップタイプコンシーラーを使いこなせば厚塗りしらずの透明肌

コンシーラーを使いこなせればファンデーションを
厚塗りするおそれがなくなり一気に
透明感あふれる肌に近づきます。
ここでは透明感をつくるためのコンシーラーの
使いこなし方をご紹介しましょう。
なお、クッションファンデーションは
コンシーラー不要のものもあるので、
パッケージを確認してください。

「コンシーラーはいつ使う？」

パウダーファンデーションの場合

ファンデーションの前

下地の後、気になるところにコンシーラーを。カバーできたら、最後にファンデーションを重ねます。

リキッドファンデーションの場合

ファンデーションの後

下地とファンデーションの後、肌トラブルが隠し切れていないところにコンシーラーを。その後、フェイスパウダーで仕上げ。クリームファンデーションとスティックファンデーションも同様です。

コンシーラーのコツは なじませ方にあった

Before →

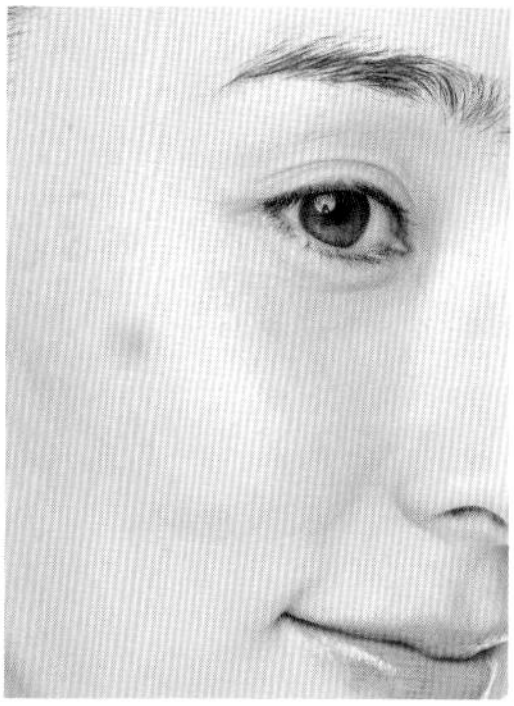

1

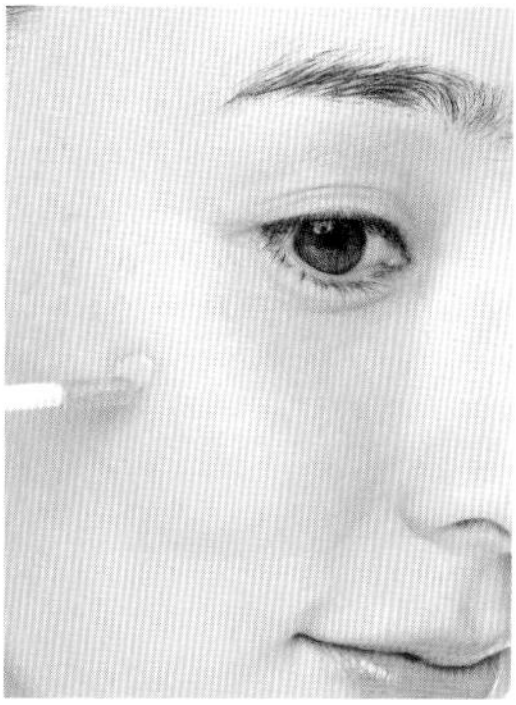

コンシーラーを気になる部分にのせる

2 →

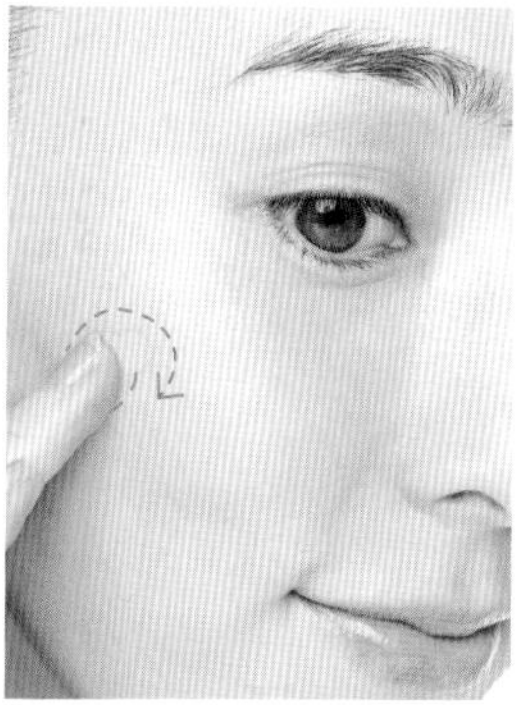

「の」の字を描くようにブラシや指をトントンと動かしながらなじませ、スポンジでおさえる

After

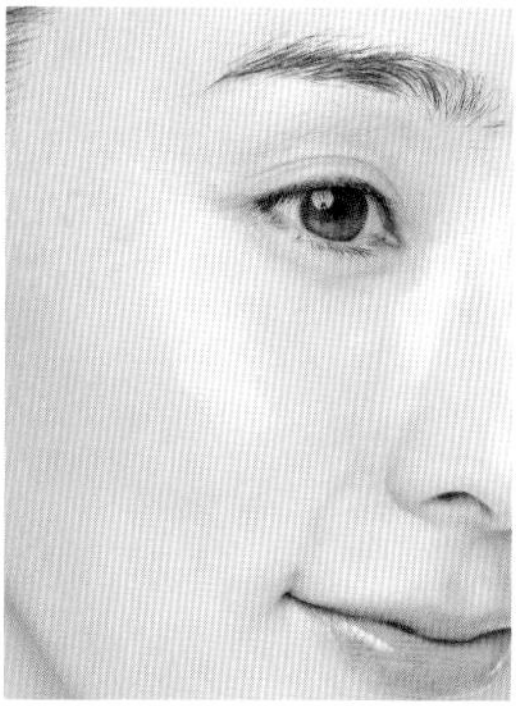

色浮きやムラづきせずに自然にカバー。隠した感がないのに、肌トラブルを悟らせない肌のでき上がり

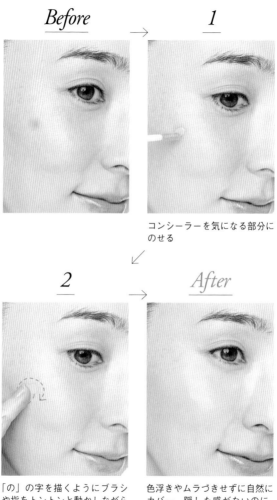

肌に透明ヴェールがかかるルースタイプのフェイスパウダー

リキッドファンデーションを使ったときは、下地・リキッドファンデーション・コンシーラーの後にフェイスパウダーで仕上げます。フェイスパウダーの役割は、ファンデーションの余分な油を吸収しテカリやメイク崩れを防ぐこと、保湿成分配合で乾燥を防ぐこと、ファンデーションを定着させてメイクを長持ちさせること。薄いヴェールをかけたような肌になり、毛穴、くすみ、シワなどの悩みをより目立たなくして、ふんわりやわらかな肌を演出できます。

フェイスパウダーには大きく分けて、ルースタイプとプレストタイプの2種類がありますが、この2種類は似て非なるもの。ルースタイプはサラサラした粉状で、プレストタイプはパウダーをオイルで固めて持ち運びやすさを重視したつくりです。オイルが含まれない分、ルースタイプのほうがもちがいいという性質があります。

70%の方が
透明感アップを実感

ですから朝の仕上げにはルースタイプ、携帯しやすいプレストタイプはメイク直しのとき、と使い分けると透明感のある肌が長続き。乾燥するけれどテカリやすい方ならTゾーンには多めにパウダーをのせて、そのほかのパーツには少なめにのせて量を調節するとより安心です。

さらに透明感を引き出すなら、ほとんど色のつかないトランスルーセントや淡いベージュの色がおすすめです。ファンデーションの色に近いものを選ぶ方が多いのですが、ファンデーションの上にさらに色が加わると厚塗り感が出てしまい、せっかくつくりあげた透明感が台無しになることがあります。

なおパウダーファンデーションを使う場合は、フェイスパウダーは必要ありません。

ヴィセ リシェ　パーフェクトルースパウダー01 ￥1500（編集部調べ）／コーセー

キメ細かいパウダーでふんわり軽く、やさしくフィット。マットで透明感の高い仕上がりです。

フィルム半分はがしてフェイスパウダーで肌がにごらない

ルースタイプのフェイスパウダーには、パウダーが出る中蓋にフィルムがついています。捨てる方が多いと思いますが、私は絶対に捨てません。「半分だけ」はがして使っています。

フィルムを全部はがしてしまうと湿気やほこりが入って、パウダーの粒子がくっついたりダマになったりするのです。それが酸化による色にごりや厚塗り感の原因。フィルムを残しておけば湿気やほこりを防げるだけでなく、パウダーが出過ぎることもないので、必要な分だけを取ることができます。

パフはフィルムの重しとして使います。フィルムが全部はがれるのを防ぎ、酸化や湿気から守ってくれます。

肌にのせるときに使うのはパフではなくブラシ。パフだとパウダーがたっぷりついて肌がマットになりすぎることもあり、上手に使わないとちょっと古い印象

90%の方が
透明感アップを実感

base makeup

になってしまいます。その点ブラシはつきすぎないのでくずれにくく、透明感と若々しさも引き出せます。

容器の蓋にパウダーを移し、ブラシの先端部分をパウダーにしっかりと密着させながらクルクルと動かしてまんべんなくパウダーをつけましょう。

肌にのせるときは、ファンデーションと同様に小顔塗りをしますが、クルクル円を描くように塗っても大丈夫。それよりもブラシの角度が重要です。ブラシを寝かせたり斜めにしたりせず、肌に垂直にあてるように使いましょう。こうすればパウダーがつぶれずに本来の力を発揮してくれます。フェイスパウダー用ブラシの密度が低くてふわふわしているのもパウダーをつぶさないため。肌にふわっとのせてテカリも乾燥も防ぎましょう。

ナチュラグラッセ ルースパウダー 01 ￥4200／ネイチャーズウェイ

Tゾーンの崩れやテカリを抑えながら、自然なツヤと透明感のある仕上がりをキープします。

ロージーローザ エンジェリッチブラシ パウダーL ￥1200／ロージーローザ

フェイスパウダーやパウダーファンデーションに適したブラシで、羽のようにやわらかな肌触りです。

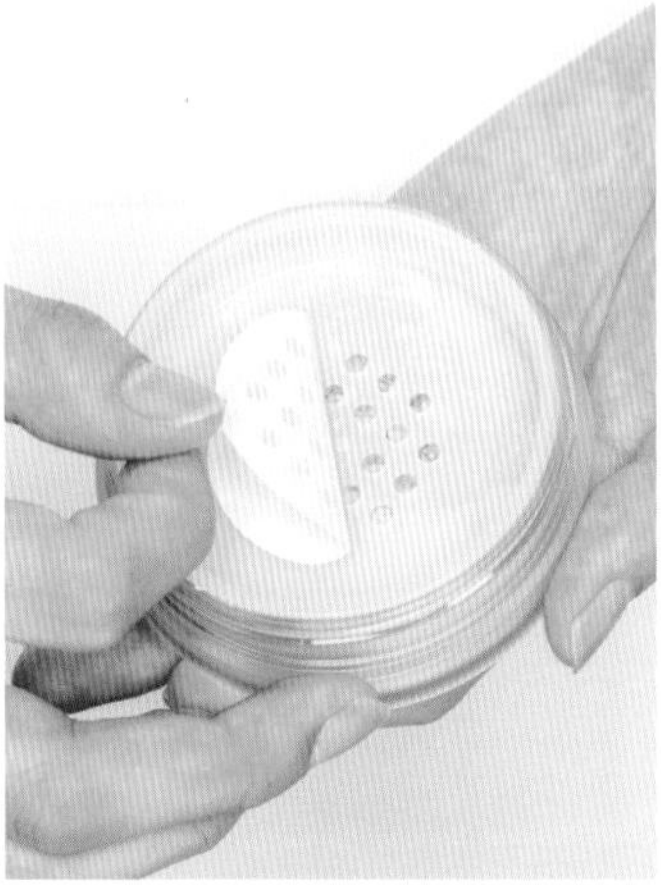

フィルムを半分だけはがせば、粉が出すぎることもありません。使わないときはフィルムで穴をカバーして、湿気やほこりを防ぎます。

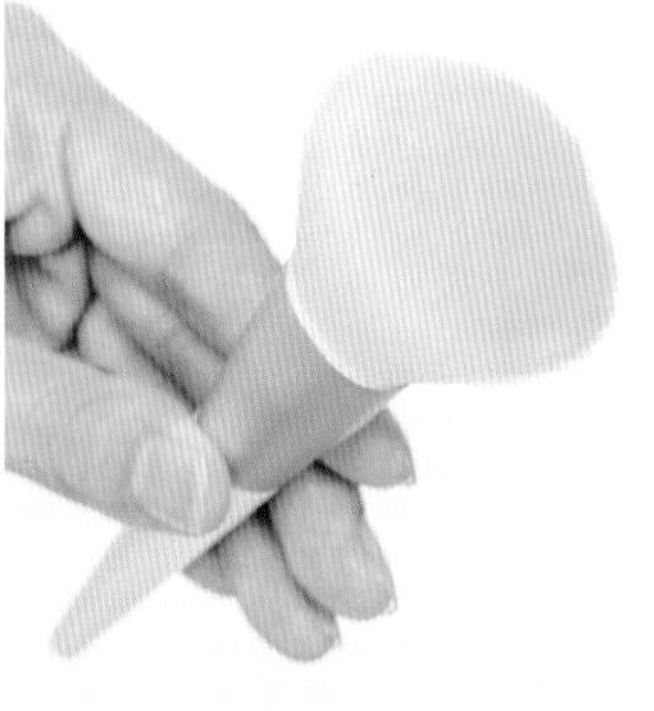

ブラシの毛先全体にまんべんなくパウダーがついたら、肌にのせましょう。毛先をパウダーに密着させて、円を描くようにクルクル動かすと、ムラなくパウダーがつきます。

フェイスパウダー用ブラシは
やさしく、肌に垂直にあてる

コスパよく透明肌になるなら100円ブラシに勝るものなし

肌の悩みが深くなると、つい「高級コスメ」でないとどうにも隠せないと思いがち。有名ブランドのコスメを買う方もいれば、「私のコスメはプチプラだからしょうがない」とあきらめる方もいるでしょう。

でも必ずしも「価格が高い＝仕上がりがよくなる」というわけではありません。確かに高級コスメはいい成分でつくられていますが、使い方さえ知っていればプチプラコスメでも十分きれいに仕上がります。

では、コスメが本来の力を発揮するためにはどんな使い方をすればいいのでしょうか。それは、きれいな道具を使うことです。

私の実感として「ベースメイクで悩んでいる方の9割は道具が汚い」というのがあります。使い古したスポンジを使っていれば、どんなに高級なファンデーションを使っても、ムラづきしてファンデーションの色がくすみきれいに仕上がりま

90%の方が
透明感アップを実感

base makeup

せん。汚れがひどくなるまで放っておくと、スポンジやブラシに残っているファンデーションやパウダーが酸化。イヤなニオイや雑菌が繁殖しやすくなります。そんな汚れたツールで肌に触れれば、肌トラブルの原因になることも。

まずは道具を見直して定期的に洗ってみてください。買い替えるなら、安くてかまわないのでブラシがおすすめです。メイクするときに肌にかかる力が弱まり、薄く仕上げられます。

高級コスメを買う以外にも、理想の透明感を手に入れる手段はたくさんあります。まずは、きれいな道具を使うことから始めてみましょう。

ユーアーグラム フェイスブラシ ¥100／ドゥ・ベスト

たった100円なのにフェイスパウダーをたっぷり含んで、ふんわり優しく肌にのせてくれます。

汚れた道具を使うのが「透明感以前の問題」な理由

「スポンジやブラシって洗うんですか？」という質問を、今まで何度も受けてきました。

固まったファンデーションでスポンジの表面がボコボコしていたり、へたって弾力がなくなっていたりすれば、メイクの仕上がりにも大きく影響します。皮脂や雑菌のついた道具を使っていてはどんな高いコスメを使っても、そのよさを活かせません。洗っていない調理道具で、料理をしているのと同じです。

放置する期間が長くなるほど、洗ってもなかなか汚れが落ちなかったり、変形したりと、質が悪くなってしまいます。洗い方がわからない方も多いと思うので、アイテム別のお手入れ方法をここでご紹介します。

60％の方が
透明感アップを実感

スポンジのお手入れ

できればスポンジは毎日、難しければ2日に一度の頻度で洗ってほしいものです。スポンジ用の除菌クレンザーでなくても、おしゃれ着用洗剤で代用できます。ファスナーつきのビニール袋に水と洗剤とスポンジを入れて袋を振るだけ。揉み洗いしなくてもいいのでスポンジが傷みません。何個かまとめて洗うこともできます。洗ったら風通しのよい場所できちんと乾かしてください。乾きが甘いと雑菌が繁殖してしまいます。

ブラシのお手入れ

使用後はティッシュの上でこすりましょう。ブラシ専用クレンザーを使うとよりきれいにできます。スプレー容器に移したクレンザーをティッシュにスプレーし、その上でブラシをこするだけ。すぐ乾くので干す必要もありません。週一度のケアにおすすめなのは空の綿棒容器を使う方法です。これにシャンプー1：水10の割合で入れ、ブラシを押し洗い。絶妙な深さで根元もきれいになります。最後に水ですすいで乾かしましょう。

目の輪郭だけ引き立たせるのが透明感アイメイク

いちばんの決め手は眉。
眉尻までのアーチ型のラインが、
透明感メイクの眉の基本です。
目元は、まぶたのくすみやクマなどの
悩みをきちんとカバーできているかが大事。
陰影によるメリハリで、目の輪郭を強調します。
まつ毛は1本1本きれいに
セパレートさせましょう。
これらがすべて透明感につながります。

2 eye makeup 章

「眉の印象は残さない」が透明感眉メイクの大前提

商談などで会う方で、顔は覚えていないけれど眉の印象だけが残ることはありませんか。よく「眉は顔の額縁」と言われます。つまり、眉はあくまでも引き立て役。絵画である顔そのものよりも目立たないように仕上げましょう。好印象だけ残して眉の印象は残さないのが、透明感眉メイクです。

しかし眉は長さ、太さ、色などで、顔の印象を大きく変えてしまう、要でもあります。だからこそ、自分の眉に満足している方も少ないのが現状です。「左右を同じに仕上げられない」「自分に似合う眉の形や太さがわからない」という悩みを抱えたまま、なんとなくの感覚で仕上げてしまっています。現に、眉幅をなんとなく決めている方は、なんと9割以上。

透明感眉メイクでは、目指すべき眉の形を明確に決めています。いちばん太くなる眉山、そして眉頭部分の眉幅が8ミリです。もちろん個人差はありますが、

90%の方が
透明感アップを実感

eye makeup

郵 便 は が き

料金受取人払郵便

新宿北局承認

8503

差出有効期間
2022年３月
31日まで
切手を貼らずに
お出しください。

169-8790

154

東京都新宿区
高田馬場2-16-11
高田馬場216ビル５Ｆ

サンマーク出版愛読者係行

ご住所	〒 都道府県		
フリガナ		☎	
お名前		(　　　)	
電子メールアドレス			

ご記入されたご住所、お名前、メールアドレスなどは企画の参考、企画用アンケートの依頼、および商品情報の案内の目的にのみ使用するもので、他の目的では使用いたしません。
尚、下記をご希望の方には無料で郵送いたしますので、□欄に✓印を記入し投函して下さい。
□サンマーク出版発行図書目録

1 お買い求めいただいた本の名。

2 本書をお読みになった感想。

3 お買い求めになった書店名。

市・区・郡　　　　　町・村　　　　　書店

4 本書をお買い求めになった動機は?

・書店で見て　　　・人にすすめられて
・新聞広告を見て(朝日・読売・毎日・日経・その他=　　　)
・雑誌広告を見て(掲載誌=　　　)
・その他(　　　)

ご購読ありがとうございます。今後の出版物の参考とさせていただきますので、上記のアンケートにお答えください。**抽選で毎月10名の方に図書カード(1000円分)をお送りします。** なお、ご記入いただいた個人情報以外のデータは編集資料の他、広告に使用させていただく場合がございます。

5 下記、ご記入お願いします。

ご職業	1 会社員(業種　　) 2 自営業(業種　　) 3 公務員(職種　　) 4 学生(中・高・高専・大・専門・院) 5 主婦　6 その他(　　)		
性別	男・女	年齢	歳

黒目の直径の3分の2が眉幅の理想で、これがだいたい8ミリくらい。毛の長さは4～6ミリ。眉シェーバーもこの長さを基準にして、カットできるように設定しているものが多いです。

眉幅8ミリ、長さは4～6ミリ、そして、眉尻までの自然なアーチがある形が目指すべき眉。これに近づけられれば、それだけで透明感眉メイクがほぼ完成したといっても過言ではありません。健康的な清潔感のある眉が、ナチュラルなのに洗練された印象をつくり、好感度をアップさせてくれます。

目の輪郭を自然に引き出せるのは［８ミリ幅の眉］

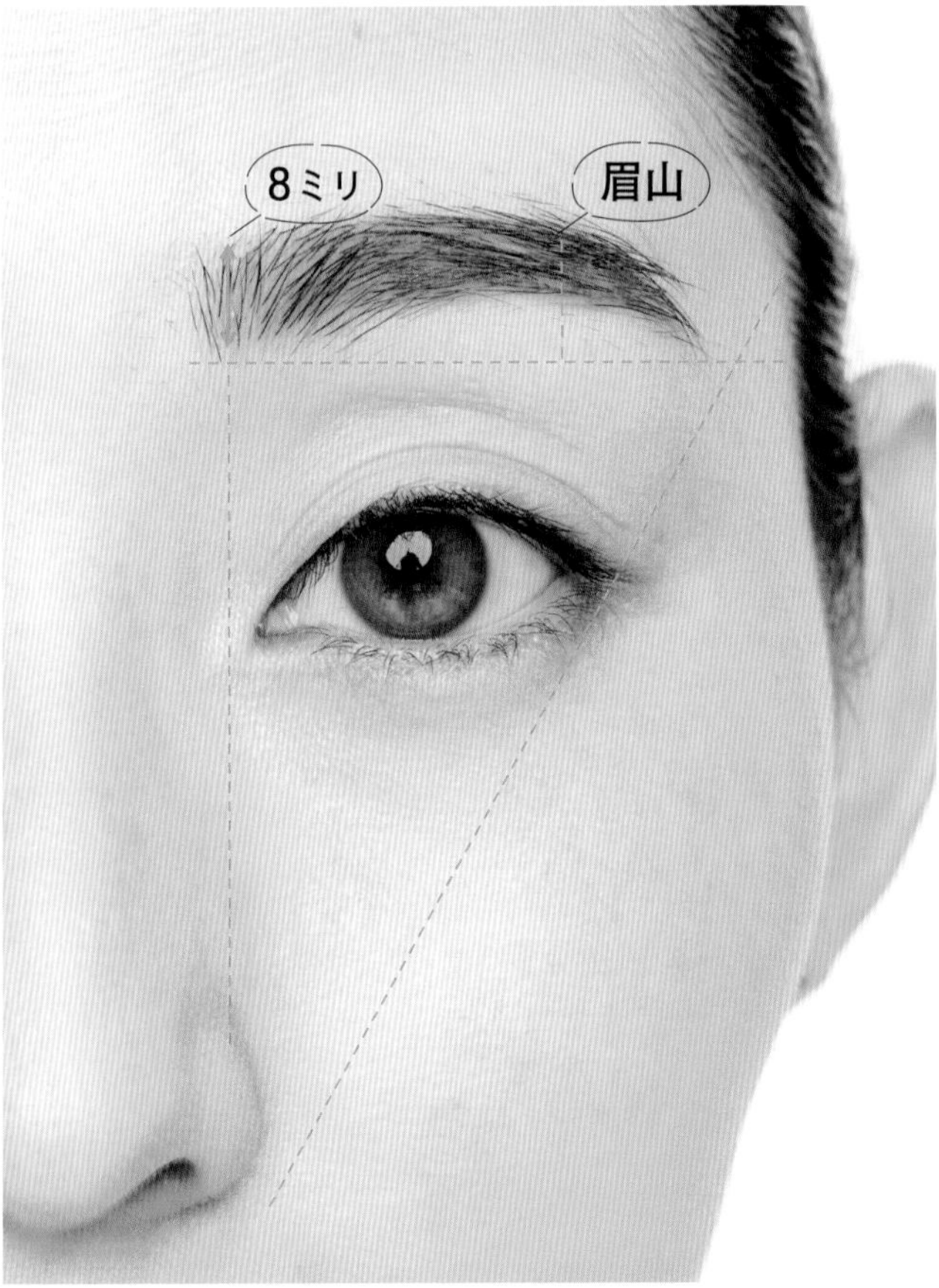

眉頭は小鼻の真上あたりが基本。眉尻は小鼻と目尻を結んだ延長線上で、眉頭と同じ高さにつくります。眉山は、眉頭から眉尻までの３／４くらいの位置にくるのがベストバランスです。

眉メイクの3ステップ

step
01

アイブロウペンシル

眉の形のガイドラインづくりと、眉毛が足りない部分を埋める役割です。

step
02

アイブロウパウダー

アイブロウペンシルの崩れを防ぎつつ眉を立体的に整えます。

step
03

アイブロウマスカラ

毛流れを整え、若々しさとツヤをプラス。キープ力を高める働きもあります。

アイブロウペンシルとアイブロウマスカラは髪色よりワントーン明るいものを使いましょう。黒髪の方ならダークブラウンを。ちなみに、グレーはシルバーヘアの方にはとてもよく似合うのですがほかの髪色とは合わせにくい色でもあります。

透明感あふれる目元は眉上2ミリの産毛が演出する

地眉に自信がない方が知らないうちにやりがちなのが剃りすぎです。

透明感のある目元に仕上げるためには、無駄な毛や産毛はきちんと処理したほうがいいのですが、それらを全部剃っていいわけではありません。

しっかりラインをつくろうと眉のギリギリのところまで剃ってしまうと、剃った部分が青々しくなったり眉だけがくっきりと悪目立ちしたりして、不自然な印象になってしまいます。

失敗しないコツは、アイブロウペンシルやアイブロウパウダーで眉を描いてから剃ること。剃る場所のガイドラインになって剃りすぎを防いでくれます。

描いたところからはみ出た眉下の毛は、抜いても剃ってもOKです。眉の上は眉ギリギリのところまで剃らず、産毛を2ミリくらい残すのが最大のコツ。この遊びの部分があることで、肌と眉が産毛によって自然につながって見えます。事

80%の方が
透明感アップを実感

eye makeup

前に眉が描いてあるので、剃りすぎたり左右のバランスを間違えたりするリスクも減らせます。

自宅で眉を整えるなら、電動の眉毛シェーバーがあると便利です。ガード機能のおかげで肌当たりがやさしく、カミソリやハサミを使うよりも安全。付属のコームを使えば、簡単に眉の長さをそろえることができます。丸洗いできるタイプも多く、お手入れの手間もかかりません。持っておきたいツールのひとつです。

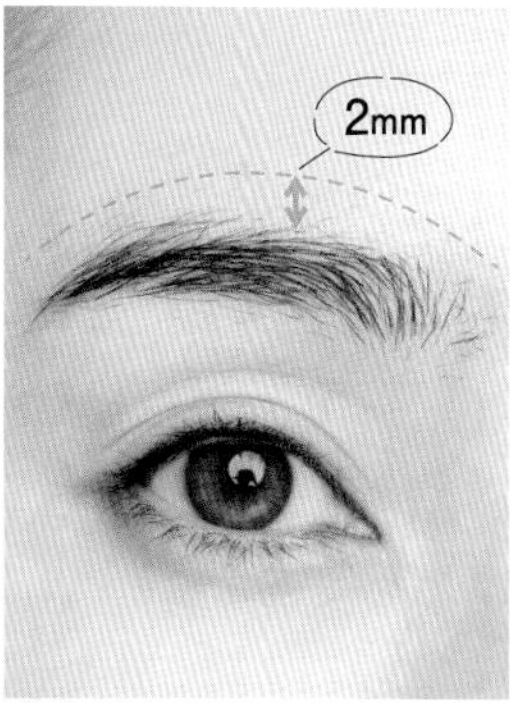

眉上のラインは2ミリ産毛を残す

産毛は眉ギリギリまで剃ってしまうと、眉と肌の境目がはっきりしすぎて、不自然に。眉上のラインは周囲2ミリは残すようにしましょう。このゆとりがあることで、眉と肌が自然につながります。

楕円芯アイブロウを使うと「野暮った眉」にならない

眉メイクのステップ1は、アイブロウペンシル。

これは、眉の形を決めるためのガイドラインと毛の隙間を埋めるのに使います。よくアイブロウペンシル1本で仕上げる方がいますが、おすすめは複数のアイテムを使うこと。アイブロウペンシルとアイブロウパウダー、眉マスカラはそれぞれの役割が違うので、ひとつで代用せずにそれぞれのパフォーマンスをきちんと活かすと、結果的に手早くきれいに仕上がります。

アイブロウペンシルには芯の形や硬さ、太さも、かなりの種類があります。「何を使ったらいいのか、わからない」と、迷ってしまうのも無理はありません。そんなときは、楕円芯のタイプを選びましょう。描きやすさにきっと驚くと思います。円形の芯よりも圧が分散されるため、折れにくくスルスルとナチュラルに描けるのです。力が強すぎて芯をボキボキと折ってしまうような方にも使いやすいと好評です。今まで円形の細芯タイプを使っていて、「上手に描けない」という方でも、楕円芯のタイプに換えるだけでうまく描けることも珍しくありません。

眉のラインは一筆描きではなく、少しずつ描いてつなげていきましょう。円形の細芯だと、肌との接地面が点になるので、ガタガタになったり、濃さにムラが出やすいうえに、描くのに時間もかかります。楕円芯なら肌との接地面が円形のものよりも長細く広いため、なでるように使うだけで、なめらかなラインを手早く描けます。

楕円芯のアイブロウペンシルは、接地面が広くて力がいらないので、なめらかなラインが手早く描けます。毛の隙間に描き足すときも線がブレません。

透明感を一気に崩壊させるインパクト眉は5秒動作で防ぐ

「眉が濃く悪目立ち」「描いても色がのらない」「芯が折れた」……。そんな失敗を防ぐ最も簡単な方法は、アイブロウペンシルを使う前に芯をティッシュで拭き取ること。テーブルなど平らな場所にティッシュを1枚広げアイブロウペンシルの芯をティッシュになでつけるようにして、芯の先についた油分をオフ。ティッシュが破けないくらいの、軽い力で行うのがコツです。描く前ではなく、描き終わったあとの習慣にしてもいいでしょう。実際には9割の方がやっていないのですが、このたった5秒の動作で描き味がよくなります。

色がのらない最大の原因は、アイブロウペンシルにファンデーションの油分や皮脂がついたまま残って、空滑りしてしまうことです。

ティッシュオフすると油分がすっきり取れるので、肌に密着してもちもアップ。また、芯の形を整える役割も。芯が丸くなっているとペン先が太くなり思い通

90%の方が
透明感アップを実感

eye makeup

りに描きにくくなりますが、ティッシュで何回かこすると、芯の形も細く整えられます。

この手間は、いわば道具をきれいにリセットする動作。アイブロウペンシルが本来持っている働きを引き出してくれるのです。

芯を少し出し、ティッシュが破けないくらいの力で、線を描くように数回こすります。芯の先についたファンデーションの油分や皮脂が取れ、丸くなった芯の形を整えられます。

「透明感のある眉」はティッシュに字を書く弱さでつくられる

多くの方のメイクレッスンをしている実感としては、9割以上の方が力を入れすぎています。さらに、そのなかの7割くらいの方は、鉛筆やボールペンで字を書くときくらいの力が入っています。前のページでお話しした「ティッシュが破けないくらいの強さ」が、まさに眉を描くときの力加減なのです。

アイブロウペンシルの正しい持ち方は、鉛筆の持ち方ではありません。鉛筆持ちは力が入りすぎてしまうのです。でも、普段の生活で慣れているから、ほとんどの方は無意識で鉛筆持ちをしています。

鉛筆持ちではペンが斜めになりますが、習字の小筆を持つときのようにペンを立たせるのが正しい持ち方です。指に力は入れません。そして、手がブレないように、頬骨の高い部分に小指を当てて固定。毛流れに沿って、眉尻側へ一方向に動かします。きちんと固定していないと、ペン先があちらこちらに動いてしまい、

90%の方が
透明感アップを実感

うまく描けません。
描くときの力は、肌に触れるか触れないかくらいの軽さで十分です。濃く描くと、眉が主張しすぎて不自然に。眉と肌の境目がくっきりして、貼りつけたような眉になってしまいます。前ページのように油分を拭っていれば、力を入れなくても色がちょうどよくのってくれます。むしろ、ちょっと薄いくらいで大丈夫。この後、アイブロウパウダー、眉マスカラと重ねていきます。最初からしっかりと濃く描く必要はありません。

NG!

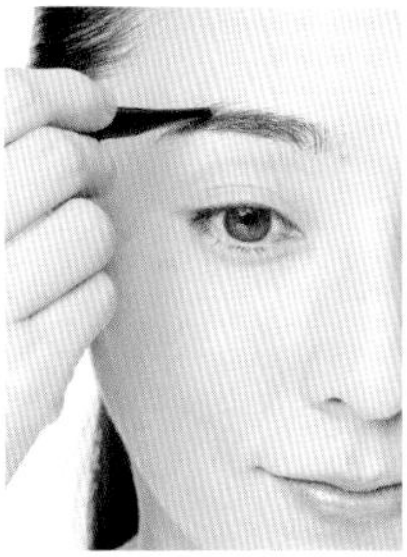

手が固定されていないと、ペン先がブレてしまいます。力も入りやすいので貼りつけたような濃い不自然眉になるおそれが。

OK!

小筆持ちをしたら、頬骨の高い位置に小指を当てて固定。ティッシュに字を書くような力加減で描きます。

眉山の下から描き始めるだけで表情豊かな透明感フェイスに

眉を描くときの最重要ポイントは「眉山の下のライン」。ここは表情を表す場所なので、最初にきちんとつくると眉全体の形もきれいに整います。

7割くらいの方が眉頭から描き始めるのですが、これだと顔の印象がきつくなりがちです。眉頭は元々毛が生えている場所。ここから描くと眉頭ばかり強調されて眉間が狭く見え、表情が不自然になってしまいます。

アイブロウペンシルでは毛が足りない部分を少し描き足すくらいで、元々毛がしっかり生えているところはいじらないほうが自然です。

66ページでご説明したように、眉山は眉骨のいちばん高い部分、眉頭から眉尻の4分の3くらいの位置がベストポジションです。小顔効果をねらって3分の2とする方もいますが、自分の骨格に合っていて、不自然に見えないことが大事なのです。

70%の方が透明感アップを実感

位置が決まったら眉山の下を起点にし、眉尻に向かって一方向に描いていきます。一気に線を描くのではなく、細かくペン先を動かしながらつなげていくと失敗しません。

眉山の下から眉尻のラインが決まるだけで、本当に顔の印象が変わります。眉をあまりいじりたくないという方も、このラインだけは決まっていないと、無表情でさみしい顔に見えかねません。

それだけ眉山から眉尻までの1本のラインは大事なので、ここは少し慎重に描いてみてください。

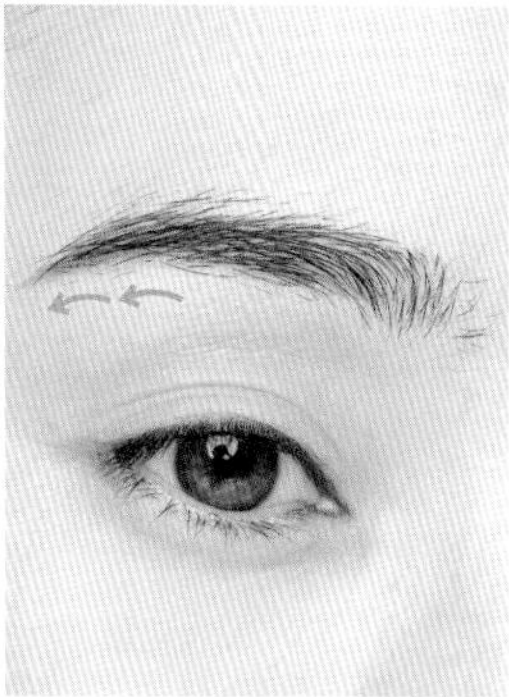

スタートはここから！

表情を決めるのは、眉山の下から眉尻のライン。眉山の下の位置から眉尻に向かって、少しずつアイブロウペンシルで描いていき、ラインをつなげます。

ヴィセ リシェ　アイブロウペンシル S BR300 ￥540（編集部調べ）／コーセー

眉尻まで１本１本描き足すようになめらかに描けて、自然な眉に仕上がります。

「眉は左右少しずつ」が透明感を出す秘策

片側の眉は上手に描けたのに、もう片側が上手に描けなくてイライラ……。多くの方がこんな経験をしていると思います。

利き手側は描きやすく比較的思い通りになりやすいのですが、反対側はラインがブレてしまったり、描けたと思っても左右で濃さや長さなどがちぐはぐだったりということも。

左右をバランスよく仕上げるコツは、少しずつ左右交互に描いていくこと。片側を仕上げてもう片側を合わせるのではありません。苦手側、得意側、苦手側、得意側と繰り返したほうが、左右差がつかず、時間もかからないのです。

例えば左の眉ラインを少し描いたら、右のラインも少し描く。鏡で確認して、また続きを描くというのを繰り返します。

少しずつ描くから大きな失敗がなく、失敗したとしても修正が簡単。

70%の方が
透明感アップを実感

そして、描き始めは利き手と逆側からスタートします。ただでさえ利き手と逆側は描きにくいのに、もう一方と合わせる必要が出てくると、余計に難しくなるからです。アイブロウパウダー、アイブロウマスカラ、そしてアイシャドウも同様に左右交互に仕上げたほうが失敗を防げます。

眉は顔の印象を決める部位であり、ポイントメイクのスタート地点です。眉が決まれば、成功間違いなし。ほかのメイクもスムーズに進みます。焦らずていねいに描いて、満足のいく眉に仕上げてください。

ただし矛盾するようですが、左右対称を意識しすぎないことも大事です。表情筋のつき方は人それぞれで、完璧に左右対称の顔の方はそういません。あまり囚われずにトライしてみてください。毎日続けていくことで、苦手も克服できるはずです。

アイブロウパウダー重ねで透明感眉を1日キープできる

「日中鏡を見たら、眉が消えていた」という方は少なくありません。原因として考えられるのは、アイブロウペンシルまたはアイブロウパウダーだけで仕上げていること。眉が落ちやすいと悩んでいる方のざっと8割はその傾向にあります。

繰り返しになりますが、透明感メイクの眉はアイブロウペンシル、アイブロウパウダー、アイブロウマスカラの3つを使って完成させます。特にアイブロウペンシルとアイブロウパウダーは、それぞれ役割が違います。

アイブロウペンシルは油分が多いため、単体で仕上げると皮脂でこすれて落ちやすいのです。ベースメイクでファンデーションの後にパウダーを使うように、アイブロウパウダーで余分な油分を抑えると、描いたラインがしっかり密着して、メイクもちが格段にアップ。皮脂でテカリやすい方や汗をかきやすい方には特に、アイブロウペンシルとアイブロウパウダーのダブル使いを心からおすすめ

80%の方が
透明感アップを実感

します。

アイブロウペンシルで描いたラインが多少ガタついていても、アイブロウパウダーを重ねることで、リカバリーが可能なのもメリットです。

また、アイブロウペンシルだけだと色が1色のため、地肌にぺったりとついた眉に見えがち。アイブロウパウダーで部位ごとに濃淡がつくと、ふんわりと立体感のある美眉に仕上げることができます。

眉メイクに自信がない方こそ、アイブロウパウダーを試してみてください。

アイブロウパウダーを使うと「眉が落ちにくくなる」「失敗した眉ラインをリカバリーできる」「立体感とメリハリが出る」という3つのメリットが得られます。

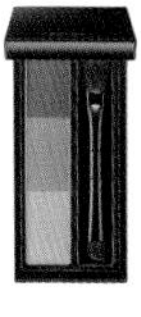

ヴィセ リシェ　アイブロウパウダー BR-1 ￥1100（編集部調べ）／コーセー

粉っぽさがなくしっとりやわらかなタッチで伸び広がり、ふんわり眉を演出します。

アイブロウパレットの3色は混ぜずに使うと素美眉に

アイブロウパウダーで使いやすいのは、色の濃淡がセットになった3色パウダー。このタイプを使っている方はすごく多いのですが、9割の方が残念ながら使い方を間違えています。

眉に色をのせるとき、3色をブラシで混ぜて使っていませんか？　これがかえって眉メイクを難しくしています。場所ごとに単色で使うともっとラクに透明感眉メイクができます。

アイブロウペンシルの使い方でも説明しましたが、ほとんどの方は眉頭に毛が生えているため、濃い色がのると、肌との境目がはっきりしすぎてかえって不自然に。いちばん薄い色で眉の隙間を埋め、ムラをなくすと薄すぎず濃すぎず「ちょうどいい印象の眉」に近づきます。

眉山までは中間色、眉山から眉尻はいちばん濃い色を使いましょう。薄くムラのある方はしっかりとのせて、毛量があり濃い方は淡くのせたいので、2色だけ使っても大丈夫。必ずしも全色を使う必要はありません。

今は、赤系ブラウンやオリーブ系ブラウン、パープル系ブラウンなど、アイブロウパウダーのカラーバリエーションがとにかく豊富。悩まれる方が多いのですが、私は標準的なダークブラウンパレットを使ってモデルさんにメイクします。どんな髪色や肌の色でも使いやすく、自然な立体眉に。自分に似合う色を探すよりも、簡単に透明感眉を手に入れられる方法です。

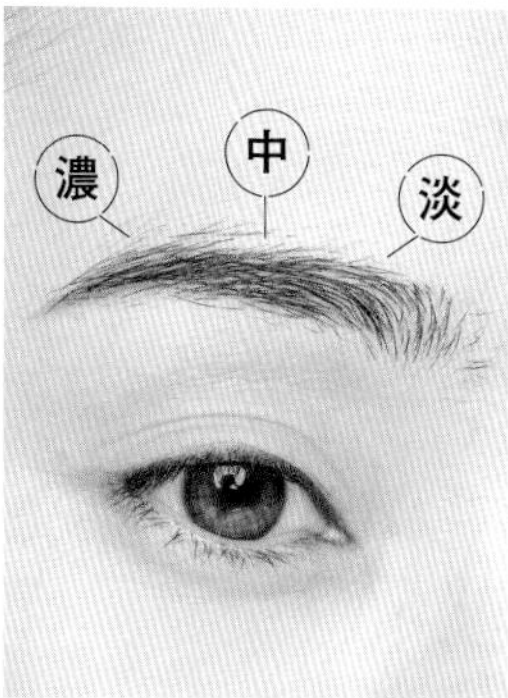

いちばん淡い色を眉頭に。真ん中は中間色。眉山から眉尻はいちばん濃い色を使います。色を混ぜないことが自然な立体感をつくるコツ。

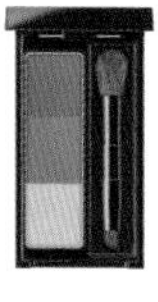

ケイト デザイニングアイブロウ3D EX-5 ￥1100（編集部調べ）／カネボウ化粧品

濃中淡３色のアイブロウパウダーが、ふんわり自然な眉と立体的な目元を演出してくれます。

アイブロウパウダーは「下から上に」が、目の印象を底上げする

眉の毛流れに合わせて、横方向にアイブロウパウダーを塗る方が多いのですが、下から上方向に向かって塗るのが透明感メイクのテクニック。眉の下のラインが強調され、目と眉の距離が近く見え、目が大きく見えます。

アイブロウパウダーは塗り始めの位置がいちばん濃くなります。この塗り方をすると下から上に向かってだんだん色が薄くなり、ナチュラルに仕上がります。また、下のラインが残って、全体はふんわりとしつつもきちんと感のある眉をつくれます。

最初にのせるのは中間色。乗せる位置は眉の中間です。眉下のラインにブラシを当て、1センチ幅くらいの短いストロークでブラシを動かしながら上まで。次に眉山から眉尻まで、濃い色を使って同様に色をのせ、最後に眉頭を。ブラシに一度取った量で下から上方向へぼかし、足りなければつけ足し調整します。

85%の方が
透明感アップを実感

ロージーローザ ダブルエンド アイブロウブラシ スクリュータイプ ¥630／ロージーローザ

極薄の平筆で眉尻など繊細に描けます。スクリューブラシは眉マスカラの後、毛流れを整えるのに最適。

アイブロウパウダーの［塗り方］

1

描き始めは真ん中から。濃淡3色セットの中間色をブラシに取り、眉下のラインに合わせる。上に向かってブラシを短いストロークで動かす

↓

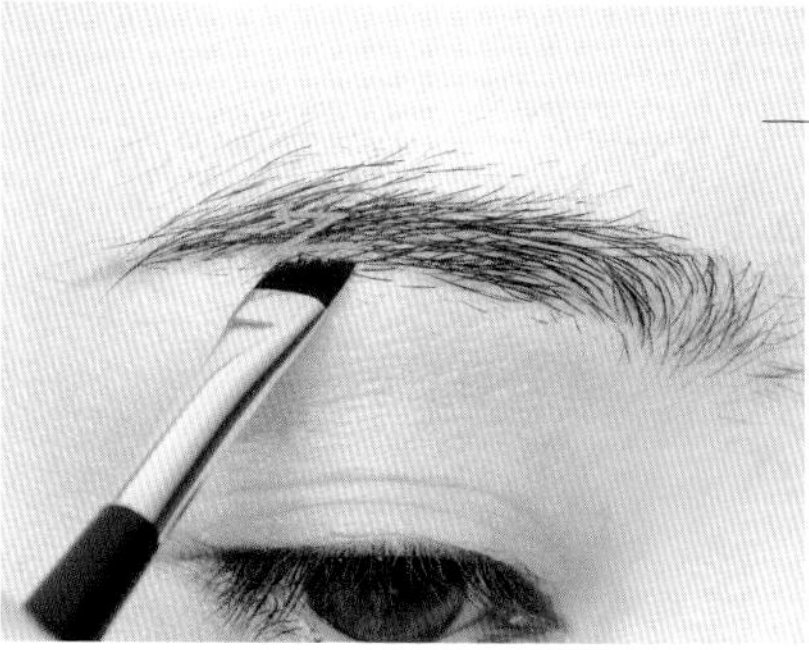

2

次に眉山から眉尻に色をのせる。ブラシにいちばん濃い色を取り、下から上へ

↓

3

眉頭は最後。いちばん薄い色をブラシに取り、下から上へ。濃くつきすぎないように、ふんわりと色をのせる

フォーマルアイメイクもアイブロウパウダーだけあればいい

ここではアイブロウパウダーの裏技的な使い方をご紹介します。パールやラメ入りのアイシャドウは目元を明るく華やかに見せる効果は絶大なのですが、お葬式などで使うには適しません。でも、マットなアイシャドウはなかなか売っていなかったり、プロ向けで値段の高いものしかなかったりするので、わざわざ買うのは気が進みませんよね。

そんなときは3色セットのアイブロウパウダーをアイシャドウとして使いましょう。パールやラメが入っていないので、フォーマルなシーンにもぴったりの上品なブラウンアイメイクができます。

じつはアイブロウパウダーもアイシャドウも基本的に同じパウダーですから、まぶたに使っても、眉に使っても問題はありません。

いちばん濃い色は締め色として使い、中間色をアイホールに、いちばん淡い色

90%の方が透明感アップを実感

eye makeup

をまぶた全体にベースとして使います。難しいテクニックは必要なく、色を順番に重ねるだけで、ナチュラルなグラデーションアイに。自然な陰影を出して奥行き感のある目元をつくります。お葬式など急なときにも助かりますよね。

それだけではありません。アイブロウパウダーはシェーディングコスメとしても大活躍。中間色を、眉頭の下と鼻のふくらみの部分に入れると、鼻の形がきれいに見え、鼻筋が通って高く見えます。

1個でここまで使えるアイブロウパウダー。持っておいて損はありません。

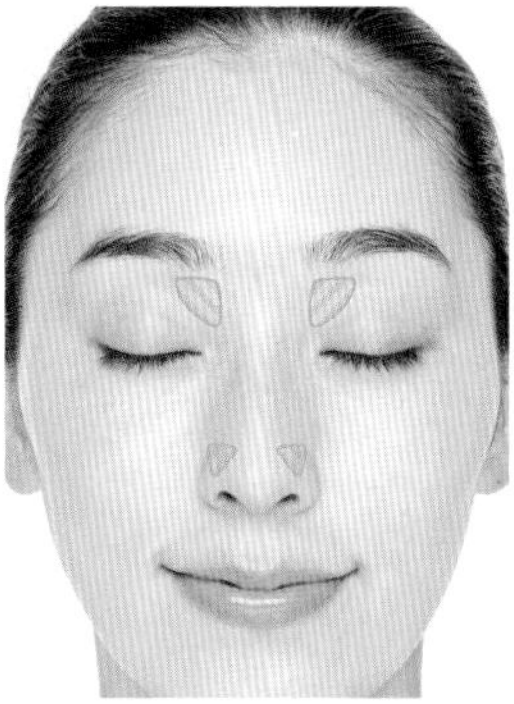

アイブロウパウダーをシェーディングに使うなら、眉頭の下と小鼻のふくらみ部分に。ここに影ができると、鼻筋が通った形のいい鼻に見え、顔立ちにメリハリを生み出します。「鼻筋に沿ってシェーディングカラーをのせる」という方もいますが、こちらのほうがテクニックいらずで簡単です。

眉マスカラを塗った瞬間、顔は明るい透明感を放ち出す

透明感眉メイクの仕上げは眉マスカラの出番です。使っていない方が多いかもしれませんが、使えば断然洗練されて完成度が上がります。

描いたラインやパウダーと、元々の地眉との境目を目立たなくさせるのが眉マスカラの役目。これまでの眉メイクをしっかりと定着させ、眉落ちを防ぐ働きもあります。眉の白髪が気になる方の色カバーにも一役買います。

ただし眉が薄かったり少なかったりして眉マスカラが地肌についてしまう方は、かえって不自然に見えてしまうこともあるので、使わなくてもかまいません。

使い方のコツは、これまでのアイブロウペンシル、アイブロウパウダーの過程を台無しにしないために、地肌にべったりつけないことです。

まず使う前に、ブラシを容器の口の部分でよくしごき、軽くティッシュオフしましょう。

80%の方が
透明感アップを実感

eye makeup

余分なマスカラ液を取り除くことで、眉1本1本を根元からきちんとカラーリングしながらも、地肌につくのを防ぐことができます。

適量がブラシに残ったら、毛流れとは逆方向にブラシを動かし、毛の裏側にマスカラをつけ、次に毛流れの方向にとかすように整えると1本1本をコーティングできます。

色とツヤの効果で、顔色まで明るく見えるようになり、若々しい印象をつくります。

もし、はみ出したりつけすぎたりしたときは、クレンジング綿棒でこすって落としましょう。

1

容器の口で、ブラシを数回しごく

↓

2

ティッシュの上で軽くブラシをこする

ケイト 3Dアイブロウカラー BR-3 ￥850（編集部調べ）／カネボウ化粧品

眉に立体感と明るい抜け感を与えてくれる眉マスカラ。使いやすいコンパクトなブラシです。

あごを上げて鏡を見下せば アイラインを引きやすい

鏡を顔の正面になるようにしていたなら、それがアイラインを引きにくくしている原因かもしれません。アイラインが上手に引けない方へ、まずアドバイスするのが「鏡の位置」です。

鏡を正面にして見るとまつ毛の根元が見えにくく、アイラインを引く位置がわかりづらいのです。年齢を重ねるとまぶたがまつ毛にかぶってくるので、さらに引きにくくなります。ウインクするように頑張って片目をつむって描いても、ずれた位置に引いてしまう方が絶えないのはこのためです。

太すぎたり上すぎたりするアイラインは、まぶたについて黒くにじみ、パンダ目の原因になるので、正確な場所にピシッと引きたいものです。アイラインを引く位置の基本は、まつ毛とまつ毛の間。目の輪郭をくっきりとさせるのがその役割です。アイラインを引くときは鏡の位置をちょっと下にして、あごを上げて鏡

エクセル カラーラスティング ジェルライナー CG01
¥1200／常盤薬品工業

目の際にもやさしいタッチでスルスルとラインが引ける描き心地。密着力も抜群で耐久性にすぐれます。

90%の方が
透明感アップを実感

ぺんた&小春
penta & koharu
インスタグラム:@penguinhikoki
とっても良かったよぉ～
これから読むぞ～
©ペンギン飛行機製作所
ぺんた&小春
penta & koharu

を見下すようにしましょう。まつ毛が前にせり出すので指で引っ張らなくても、まつ毛の生え際が見え、アイラインが引きやすくなります。

アイライナーは、まつ毛に対して下から垂直に当てると、ラインが太くなりません。そして、まつ毛をけちらすように、ペン先を動かし、まつ毛とまつ毛の隙間を埋めていきます。

「見下してけちらす」、これがアイラインを上手に描く極意です。

マスカラを塗るときも同様に「見下してけちらす」と、まぶたにマスカラ液がつかず、根元からまつ毛の先端まできれいに塗れます。

キャンメイク クリーミータッチライナー01 ￥650／井田ラボラトリーズ

まつ毛の隙間埋めがラクにできる極細芯です。まぶたへのひっかかりも少ない肌当たりのやわらかさ。

NG!

鏡を顔と同じ高さにするのは、アイラインがうまくいかない原因の1つ。まつ毛の根元が見えにくく、アイラインが太くなったりガタついたりします。

OK!

鏡をやや下の位置にして、見下すようにあごを上げれば、アイラインを引く場所がよくわかります。顔が全部映る、大きめの鏡を使いましょう。

「見下しながらまつ毛をけちらす」と透明感アイラインが難なく引ける

まつ毛とまつ毛の間に、アイライナーのペン先を下から当てましょう。その状態で、まつ毛をけちらすように小刻みにペン先を動かしながら、アイラインを引いてください。正しく引けていると、まつ毛が写真のようにバサバサと動きます。

アイライナーはアイシャドウより先に使います。アイライナーは油分が多いので、上にアイシャドウパウダーをのせてもちをよくするためです。「油分が多いコスメが先、パウダーコスメは後」が鉄則です。

黒のアイラインで透明感を出せないのはなぜ？

黒のアイラインはくっきりしますが、太く引いてあると、きつい印象にもなりがち。描いたラインが強調されすぎて透明感も失われてしまいます。メリハリがつきすぎて不自然になるのです。目を大きく見せたい、くっきりさせたいと思っても不自然になるなら意味がありません。どんなパーツでも、素材を活かすのが透明感メイクの原点。だから黒のアイラインを使う場合は細く入れましょう。密度の高いまつ毛に見せる効果があるので、まつ毛根元の粘膜が白く浮いて目元がぼやけるのを防げます。もしアイラインで目が目立つのが苦手なら、グレー系かブラウン系がおすすめです。どちらも日本人の肌に合う色で、瞳の色とも調和します。目元を引き締めて、ほのかに強調する効果もあるので、目元はくっきり。清潔感のある、やさしい目元の表情をつくり、ラインだけがくっきりと目立ちすぎることがありません。黒しか使ったことがないという方は、ぜひ試してみてく

70%の方が
透明感アップを実感

eye makeup

ださい。

色以外に、ペンシルかリキッドかで迷うことはありませんか。

リキッドは、一重の方やにじみやすい方におすすめしています。しっかりと色が出て、乾けばラインが密着。にじみにくくなり、つけたての美しい仕上がりをキープできます。

ペンシルはリキッドに比べるとにじみやすいですが、ふんわりとした色づきで、やさしい目元を演出。誰でも描きやすく、失敗してもぼかせるので、自然にリカバリーできます。リカバリーの仕方は簡単。アイラインは30秒ほどで油分が揮発して密着するので、その前に綿棒でぼかすだけ。アイラインを描くのが苦手な方は、まずペンシルでアイラインを描くことに慣れるといいと思います。

ラブ・ライナー リキッド グレージュ ￥1600／msh

グレージュの絶妙なニュアンスで透明感を演出。筆コシが安定していてなめらかに描けます。

目も顔ものっぺりするから跳ね上げラインより目頭重視で

目尻のところでアイラインを跳ね上げたり目尻からはみ出すようにアイラインを引いたりすると目が大きく見える、というメイクテクニックがあります。しかし、これには目と目の間隔を強調する効果も。つまり、離れ目でのっぺりした顔に見えるおそれもあるのです。

これまでレッスンをした方の7割くらいは、目尻を跳ね上げることでかえって目が小さく見え、逆効果になってしまっていました。

何より目尻のラインから飛び出したような跳ね上げは不自然で、透明感メイクの目指す清潔感や上品さとはかけ離れてしまいます。透明感メイクでは、伏し目にしたときに上品に見えることが大事。ラインが目立ちすぎるのはNGです。

だから、強調すべきは目尻ではなく目頭。特に目と目の間隔が、目の横幅より広い方は目頭ラインが似合います。目頭にアイラインが入っていることで求心的

70%の方が
透明感アップを実感

eye makeup

な顔になり、グッと目ヂカラが強くなります。ただし、際の涙点の部分にラインを入れるとにじみやすくなるので注意。目の際から5ミリくらい外して描くようにしましょう。

目頭にラインを入れたうえで目尻のラインを足すなら、目尻からの延長で2～3ミリ長さを出す程度に。自然に少し長さをプラスでき、くっきりと大きく、目元の存在感をアップできます。

アイラインは、あくまでもまつ毛とまつ毛の間を埋めて輪郭をつくることが役割。長さや太さを強調するものではありません。

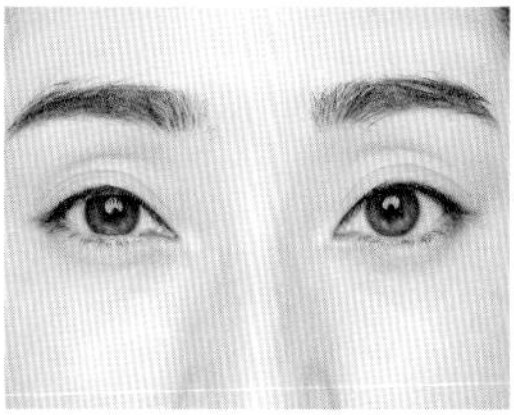

目頭を強調すると…

目頭までアイラインを入れると、求心的な顔になり、目ヂカラがアップします。

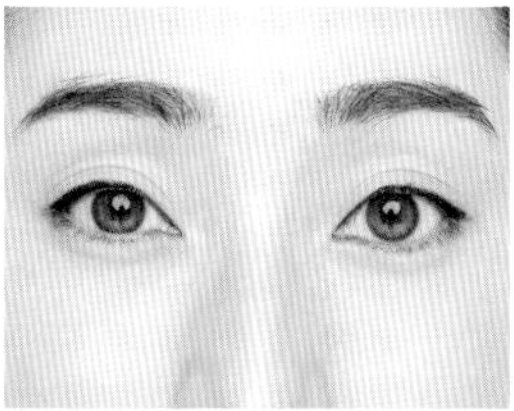

目尻を強調すると…

目尻のアイラインを長くすると、目の間隔が広く見えます。人によってはのっぺり顔に見えることも。

アイシャドウは濃い色から塗ると目の形がきれいに見える

アイシャドウで成功の鍵を握るのは塗る順番です。一般的に推奨されている「淡い色→中間色→濃い色」の順で塗る方が多い印象ですが、じつは6割ぐらいの方がこの塗り方のせいでうまくアイシャドウがのっていません。最後に濃い色を塗ると、必要以上に濃くつきすぎたり粉とびしやすかったりします。こうなると一度落とさないと元に戻せません。せっかく完成したアイラインまで落とすことになってしまいます。

そこで透明感アイメイクでは「濃い色→中間色→いちばん淡い色」の順に塗っていきます。まず濃い色をチップ先端に取り、アイライン上に重ねるように色をのせましょう。アイラインの余分な油分を抑え、もちがアップします。そしてチップの面でぼかしましょう。色がついていない面を使えば濃くなったり広がりすぎたりしません。

エクセル スキニー リッチシャドウ SR01 ￥1500／常盤薬品工業

肌になじむブラウン～ベージュ系が揃ったパレット。誰でも似合う美人色で毎日でも使えます。

60%の方が透明感アップを実感

次にメインカラーとなる中間色をブラシの片面にだけ取りましょう。黒目の上、まぶたの際にブラシで色をのせたら、ワイパー塗りでやさしくぼかします。濃い色ときれいに重なり、自然な奥行きを演出する塗り方です。

最後に使うのが淡い色。ブラシか薬指で黒目の上、まぶたの中心に色を置き、やさしい力でなでるようにワイパー塗りでぼかします。肌に密着するので、色浮きせずに目元の印象を明るくできます。

まばたきをしたときに色が見え隠れする状態を目指しましょう。濃い色は目の輪郭と一体化し、中間色は目の輪郭から2ミリほど見えているくらいが理想。正面から鏡を見て、色が見えすぎないように塗りましょう。

ちなみにパレットの色を全部使う必要はありません。時間がないときなら濃い色と淡い色の2色でもＯＫです。

ロージーローザ エンジェリッチブラシ アイシャドウ ￥480／ロージーローザ

中間色をふんわりと含んで薄いヴェールのように肌にのせるので軽やかな印象に。

資生堂シュエトゥールズ アイカラーブラシ(S) ￥1500／資生堂

ぼかしやすい天然毛仕様。目の際や目尻にフィットしやすい形状で濃い色用に最適です。

まばたきしても透明感があふれ出す

アイシャドウの手順

eye shadow

透明感アイメイクは色を見せるのではなく、
目の形をきれいに見せるメイクです。濃い色、中間色、
淡い色の3色を順に塗っていき、目元の彫りと
ハリをさりげなく感じさせる仕上がりを目指します。

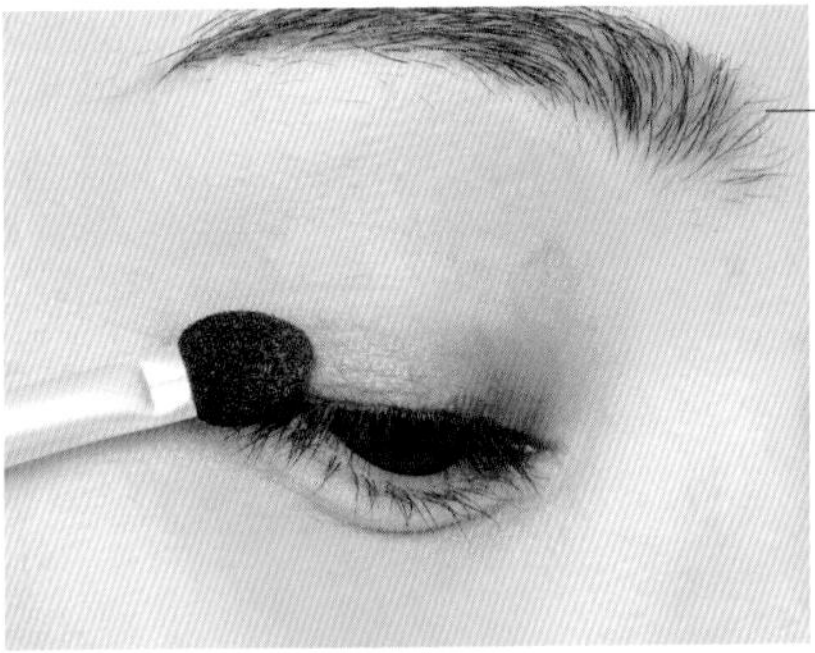

1

アイラインの上に濃い色を重ねる

締め色になる濃い色をチップの先端に取り、アイラインの上に重ねます。ぼかすときは色がついていないチップの面で

↓

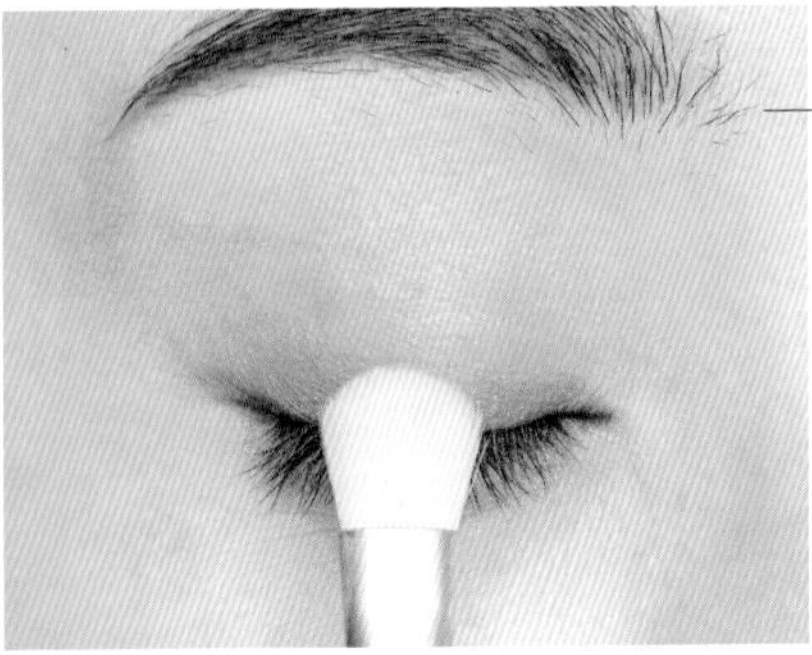

2

中間色を眼球の丸みに沿ってワイパー塗り

中間色はブラシで塗ります。黒目の上、目の際に色を置いたらワイパーのようにブラシを往復させながらぼかしていきます

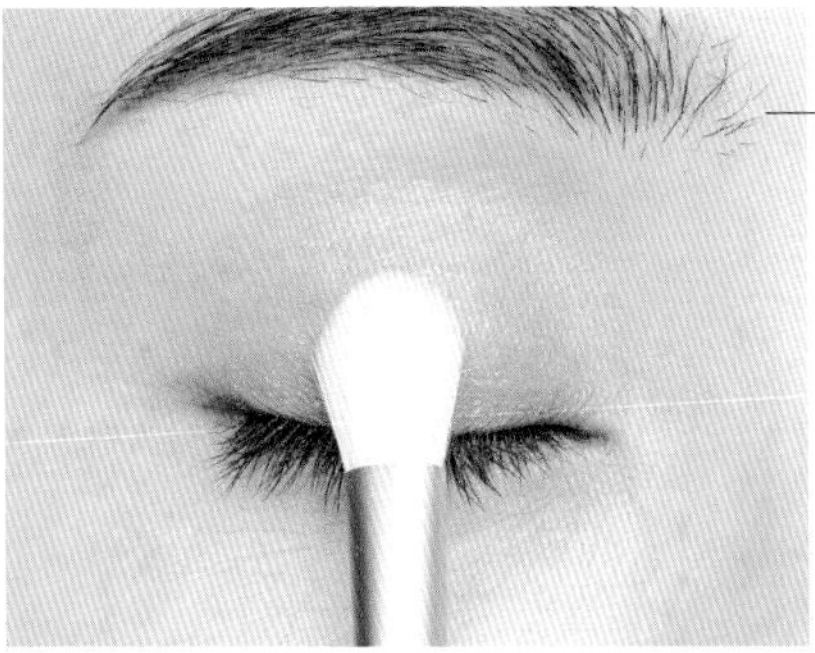

↓

3

まぶたの中心に淡い色をのせる

いちばん淡い色を最後に。まぶたの中心に色をのせ、ブラシまたは薬指を使って、ワイパー塗りでなでるようにしてぼかします

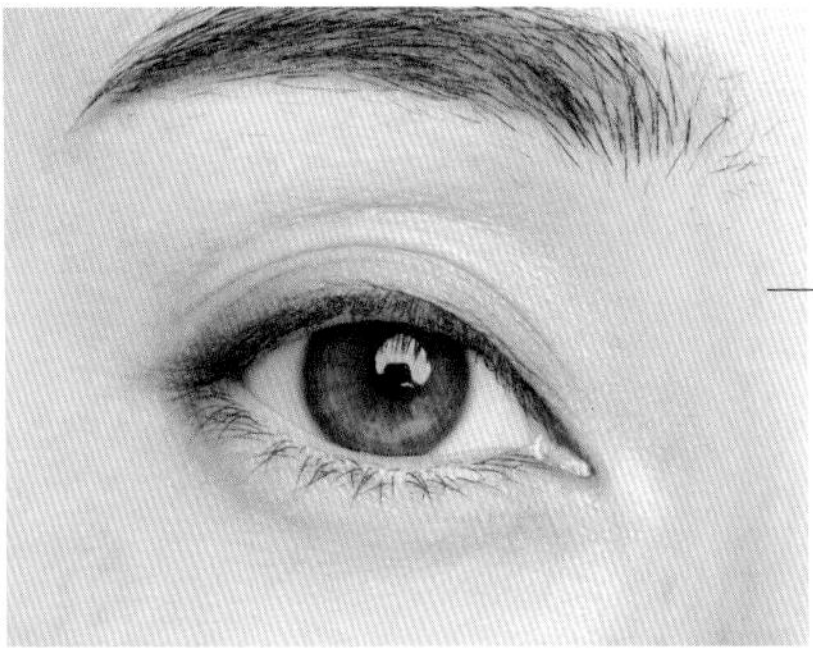

↓

4

完成！

３色が自然になじんで奥行きが生まれ、上品な目元になります。色が主張しすぎず、まばたきしたときに色をさりげなく感じる理想の仕上がりに

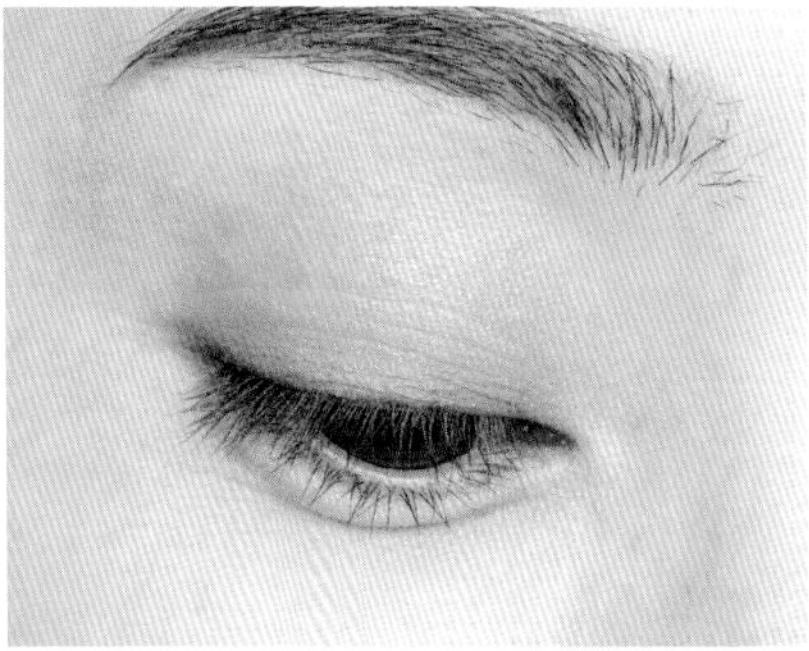

ビューラーゴムは2か月使うと切れ毛や抜け毛の原因に

よく見るとまつ毛が下向きになっている方が少なくないのですが、瞳にまつ毛の影がかかるので表情が暗く見えたり、目が小さく見えたりしがち。それを解消するのがビューラーです。でも、このビューラーのゴムを9割ぐらいの方が劣化した状態で使っています。

毎日使う方でしたら約2か月を目安に交換しましょう。新品のゴムは照りとぷにぷにとした弾力があり、そしてちょっとしっとりしています。例え亀裂ができていなくても、このゴムの照りがなくなったら劣化のサイン。弾力がなくなり、質感もさらさらとマットになって固くなってきます。

ビューラーを使うと、まつ毛には大きな負担がかかって切れ毛や抜け毛の原因になります。ゴムはこの力を和らげ、折れたり傷ついたりするのを防ぐのが役目です。

90%の方が透明感アップを実感

また、ビューラー本体も、ずっと使い続けているとフレームが変形することがあります。

フレームのカーブがゆがんでいないか、ゴムがきちんと中央にセットされているか、挟むときにスムーズに動くかを点検しましょう。そして異変に気づいたら、早めに買い替えるべき。できたら、まぶたのカーブとビューラーのカーブが合っているか、お店で試してから購入すると安心です。

「まつ毛を上手に挟めない」「力を入れすぎてしまう」という方には、電熱タイプのビューラーもおすすめ。最近は価格も手ごろなものが増え、数百円でも購入できます。

熱によってまつ毛のカールをキープし力がかからない分、まつ毛への負担も少ないことが、電熱ビューラーのいちばんの長所。仕上がりもナチュラルです。

まつげくるん セパレートコーム EH-SE51 オープン価格／パナソニック

まつ毛を扇状に広げて伸ばし、華やかなセパレートロングのまつ毛をつくってくれます。

資生堂アイラッシュカーラーN213 ￥800／資生堂

フレームのカーブがフィットしやすく、まつ毛の美しいカールが簡単につくれます。

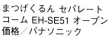

「伏し目がきれい」なＪカールで透明感メイクの品をつくる

メイクをするとき、正面からしか鏡を見ていない方が多いのですが、横顔も意識することが大切です。「この人、素敵だな」と思うのは、案外、横顔や斜めの角度が多いもの。特に目元の勝負どころは、伏し目のときにきれいに見えるかどうかです。伏し目の美しさは細やかさを感じさせ、好印象のポイントに。

伏し目にしたときに自然な美しいまつ毛を考えると、カールがきつすぎるのはＮＧ。ラインにくるんとした「Ｃ」カールではなく、「Ｊ」くらいのゆるやかなカール感だと、嫌みがありません。Ｊカールをつくるには、まつ毛の根元からではなく、真ん中から軽くビューラーでカールをつけます。

鏡は下に置き、目線を下に。肘はテーブルについて固定し、まつ毛のだいたい中間を挟みます。下から上に手首を返し、力を抜きながら毛先に向かってカールをつければＪカールの完成です。

65%の方が
透明感アップを実感

eye makeup

だから、まつ毛が少なくて挟みにくい、細くて傷みやすいという方や、元々のまつ毛が上向きで量もしっかりあり、ビューラーでカールすると不自然になってしまう方なら、ビューラーでがんばりすぎる必要はありません。マスカラ下地だけという選択もありです。今はマスカラ下地がかなり優秀で、塗るだけでもかなりのカールアップ効果があります。

自分のまつ毛や、使いやすさに合わせて、アイテムを選びましょう。

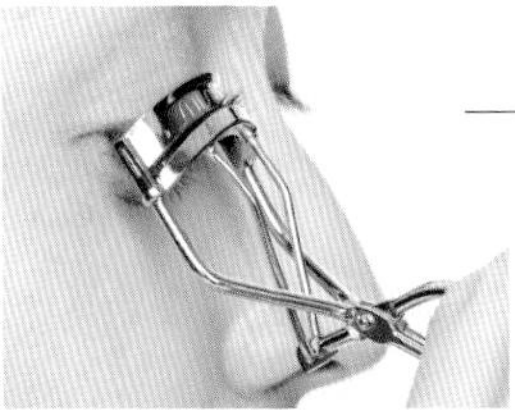

1

まつ毛の中間を挟む

肘はテーブルについて固定を。まつ毛の中間を挟み、軽く力を入れます

↓

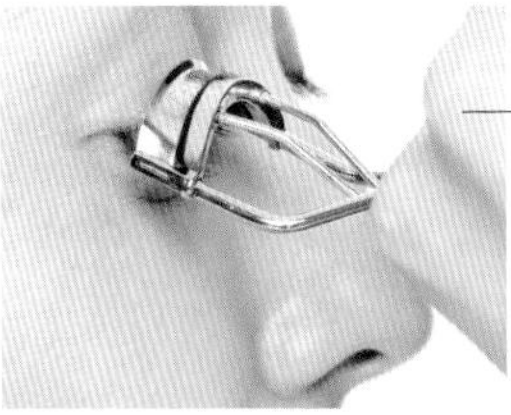

2

手首を返し、毛先に向かってカール

下から上へ向かって手首を返してカールをつけます。毛先まで小刻みに挟みましょう

アイエディション（マスカラベース）¥1000／エテュセ

1本でマスカラ効果もある黒い下地。根本からまつ毛を持ち上げて瞬間カールアップします。

マスカラの根元往復でカールしたまつ毛が下がらない

透明感メイクでは根元が太く先細りになったまつ毛が、1本1本広がっていることが理想です。だからボリュームを出すタイプよりも、まつ毛がきれいにセパレートするタイプがおすすめ。

合言葉は「ジグザグシュッ」。マスカラのブラシをまつ毛の根元に当てたら、左右にジグザグと動かしながら上げていき、最後はシュッと上に抜きます。しっかりと根元にマスカラ液を絡め、上にシュッと抜くことで、きれいなカールが完成します。

下まつ毛にも塗るなら黒目の下部分だけにしましょう。この位置に塗ると、黒目が大きく見える効果があります。目頭や目尻はまつ毛が短いので、ブラシを縦にすると塗りやすくなります。

おすすめのマスカラは断然お湯で落とせるフィルムタイプ。このタイプの多く

70%の方が透明感アップを実感

には、ポリマーという成分が配合されています。乾くと収縮し、カールをキープしてくれるのです。皮脂や水、汗などに強く、にじみにくいという長所もあります。さらに、お湯で落とせるのでクレンジングがラク。専用のリムーバーを使う手間がありません。まつ毛や目元の肌へのダメージも少なくなります。

落とすのが面倒だとメイクやクレンジングが続かない原因にもなりますし、負担がかかるのでまつ毛が抜けやすくなる方も。毎日のように使うコスメのひとつですから、落としやすさや負担の軽さも考慮して選びましょう。

1

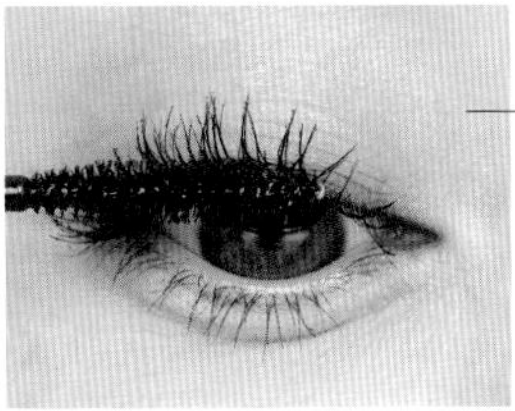

まつ毛の根元にブラシを当て、マスカラ液をしっかり絡めます。左右にジグザグと動かしながら上げていき、毛先はシュッと上に抜きます

↓

2

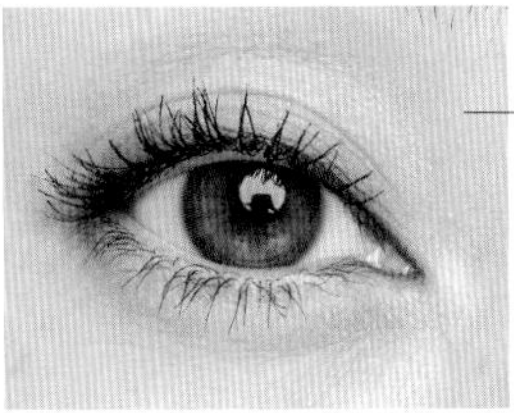

中央がいちばん高くなるようにすると、どの角度から見てもきれいです。下まつ毛は黒目の下だけ塗って目ヂカラをアップさせましょう

ディーアップ パーフェクトエクステンションマスカラ ¥1500／ディー・アップ

お湯で落とせるマスカラ。小型形状のブラシが、細く短い毛もキャッチしてセパレートまつ毛をつくります。

3章 cheek makeup

Part1 チーク

顔を明るく見せる血色感をつくるのが透明感チーク&透明感リップ

透明感チークの目的は、頬の血色感を演出し、肌全体を明るく見せること。

肌の内側からじわっと血色が湧き上がっているような、肌の下からほんのり透けて見えるチークが理想です。

チークの入れ方をいつもと変えて、ヘルシーで明るい肌を手に入れましょう。

透明感チークがつくるのは肌の内側から湧き上がる血色感

チークには大きく、クリームタイプとパウダータイプの2種類があります。簡単にご説明すると、もちのよさならクリームチーク、使いやすさならパウダーチークと考えるといいでしょう。

パウダーチークは、クリームチークと比べるともちのよさは落ちますがテクニックがいりません。本書のメイクでもパウダーチークを使いました。ふんわりとチークのパウダーが肌にのり、やわらかなニュアンスに仕上がるので理想の透明感をつくれます。パウダーチークは、ほかのパウダーアイテムの後に使うのが鉄則です。つまりリキッドファンデーションならフェイスパウダーの後、パウダーファンデーションの場合ならファンデーションを塗った後にのせます。

クリームチークは、ファンデーションによって使う順番が変わります。リキッドファンデーション派の方ならファンデーションの後、フェイスパウダーの前に

90%の方が
透明感アップを実感

cheek makeup

クリームチークを塗ります。パウダーファンデーション派の方は、化粧下地の後、ファンデーションの前にクリームチークを挟みます。

油分の多いアイテムの後にパウダーを重ねるのがメイクの鉄則なので、フェイスパウダーやパウダーファンデーションを使う前にクリームチークを使うのです。パウダーを重ねることでもちがよくなるだけではなく、色浮きを防ぐ効果も。まさに、肌の下からじわっとにじむような血色感のある仕上がりになります。

反対に、パウダーの後にクリームチークをのせると、ムラになってヨレやすく、きれいにぼかせません。

クリームでもパウダーでも、チークは肌の健康的な血色感を演出するのが目的。色が主張しすぎないように、自然な仕上がりを心がけてください。

クリームチークは薬指と中指で肌の透明感を生み出せる

濃くつけすぎてしまう方も多いクリームチーク。失敗のいちばんの原因は使う指の間違いです。9割の方が「人差し指」を使っています。

人差し指は力がいちばん入りやすい指だから、つけすぎてしまうのは当然です。だからこそ、メイクでは人差し指をほとんど使いません。

使うのはいちばん力の入りにくい薬指と、ぼかすための中指。

最初は薬指の第一関節までにつけます。これが片頬に使う量。つける位置は、小鼻のふくらみから耳方向に横に伸ばした線と、目尻から垂直に下げた線がぶつかるところが起点です。

チークをとった指でそのままぼかすのも、必要以上のチークがつきすぎたり、ムラになったりする原因です。チークを頬にのせたら、何もついていない指にチェンジしてぼかしましょう。たちまち、じわっとにじみ出るような、自然な仕上が

90%の方が透明感アップを実感

cheek makeup

りになります。

チークのゴールは耳の穴の手前。思っているよりも長いのではないでしょうか？　透明感チークは、横顔まで美しく見えるように入れます。耳の手前までうっすら色が入ることで、横顔が美しく見えます。そのためにも、中指できちんとぼかすことが大事。耳横に向かって、自然に消えていくようにぼかしましょう。

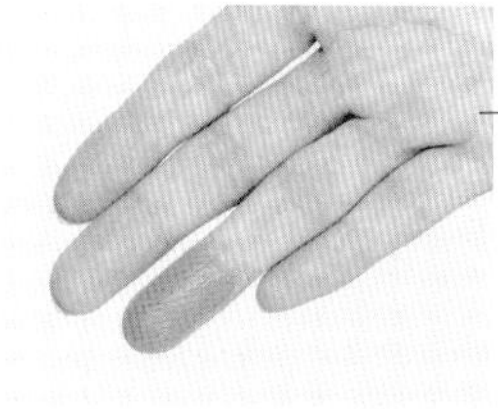

1

薬指の第一関節までに、クリームチークをとる。指の腹全体につくくらいが目安

↓

2

小鼻から横に伸ばしたラインと目尻から下ろしたラインの交点がスタート位置。ここに第一関節をのせ指先は頬骨に触れるようにして色を置く

↓

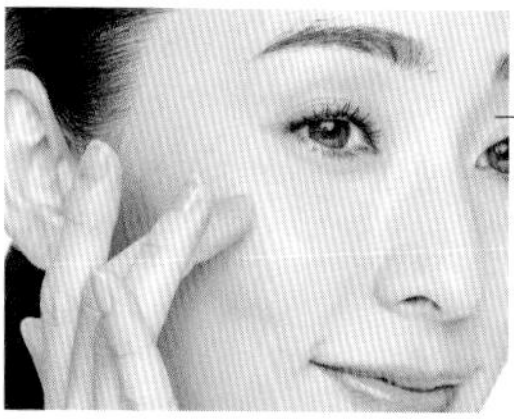

3

中指でトントンと軽くタッピングして耳横のくぼみまでぼかす。うまくできないときは、きれいなスポンジの面でトントンとぼかすといい

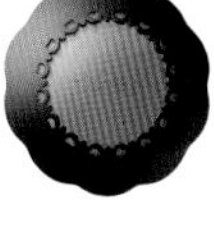

ヴィセ リシェ　リップ＆チーククリーム N PK-2 ￥1000（編集部調べ）／コーセー

ナチュラルなツヤが出て、透明感をつくれます。とろけるような質感でぼかしやすいチークです。

斜めを向いてチークを塗ると透明感に死角なし

例えば何人かで会話をするとき、あなたの顔は正面からではなく横から見られていることがほとんどです。アイメイクでは伏し目を意識しましょうとお話ししましたが、チークでは横顔を意識してください。横顔を意識してチークを入れることで小顔効果もあり、顔立ちがすっきりと見えます。

顔を正面ではなく斜めにすると横顔まで鏡に映りますので、横までチェックしながらチークを塗りましょう。耳の穴の手前のくぼみ部分まで、うっすらと色が入っていることが大事です。

ただしチークの色が強すぎるとメイク感が強くなりすぎます。元々頬に赤みのある方は、チークの色をしっかりのせなくても大丈夫です。淡いピンクのパウダーチークを選び、ハイライトとしてツヤをのせるだけでOK。

チークの入れ方の基本を覚えたら、ほかにもいろいろチャレンジしてみてくだ

90%の方が
透明感アップを実感

cheek makeup

さい。

仕事やフォーマルなシーンにはパールやラメの入っていないチーク、顔色が優れず健康的に見せたいときは、細かいラメやパールの入ったチークがおすすめです。可愛い感じにしたい方は、黒目の下ぐらいからチークを塗り、少し内側から始めると雰囲気が変えられます。

自分の骨格や肌色、そしてシーンによってアレンジすればチーク上級生。メイクの時間が楽しくなること間違いありません。

顔を斜め45°にすると、鏡にこめかみまで映ります。顔全体を見ながら、耳の穴手前まで徐々に薄くなるようにチークを入れ、横顔美人になりましょう。耳横のくぼみ部分はほとんど色を感じない程度で大丈夫です。

ロージーローザ エンジェリッチブラシ スライドチーク ￥880／ロージーローザ

持ちやすいコンパクトなフォルム。キャップ付きのスライド式なので、メイク直しにも重宝します。

上品な透明感とメリハリ顔をつくる「横顔美人塗り」

90%の方が
透明感アップを実感

パウダーチークにセットされた小さなブラシできれいに仕上げるのは、力加減や角度などかなりテクニックが必要です。このブラシはあくまでもチークのオマケ。繰り返しになりますが、メイクを素早く失敗なく仕上げたい方ほど、ブラシに頼りましょう。柄が長く毛量のあるブラシを使うことで、余計な力がかからず誰でも簡単にきれいに仕上げることができます。

ブラシにパウダーチークを取ったら、ティッシュや手の甲の上で余計な粉をはらいます。このステップを行うことで、ムラになったり濃くつきすぎたりを防げます。

塗る位置はクリームチークと変わりません。小鼻のふくらみから耳方向へ伸ばした線と、目尻から垂直に下げた線がぶつかるところにブラシの面の中心を置いて塗り始めます。小鼻のふくらみより下にチークが広がらないように気をつけましょう。

ブラシは往復させず、耳の穴の手前に向かってブラシを一方向だけに動かす「横顔美人塗り」をします。途中、頬骨の位置から耳の穴の手前まで徐々に力を抜いていきます。

頬骨の幅にのせるよう3回ほど横顔美人塗りを繰り返します。2回目は最初に塗った位置より少し上のラインを塗り、3回目は最初に塗った位置よりやや下のラインを塗ります。一方向だけにブラシを動かしているので、頬骨の起点が濃く、耳横は薄く、色が単調になりません。

顔立ちにメリハリが生まれ、横顔も美しく、自然な血色を感じさせ、上品な透明感が際立ちます。

左右の頬を交互に塗り、高さや濃さなど、顔全体でのバランスをチェックするのも忘れずに。

ロージーローザ エンジェリッチブラシ マルチタイプ
￥980／ロージーローザ

パウダーチークやハイライト用のブラシ。やわらかい毛と適度なコシでムラなく仕上がります。

パウダーチークの［横顔美人塗り］は、顔立ちにメリハリもつくる

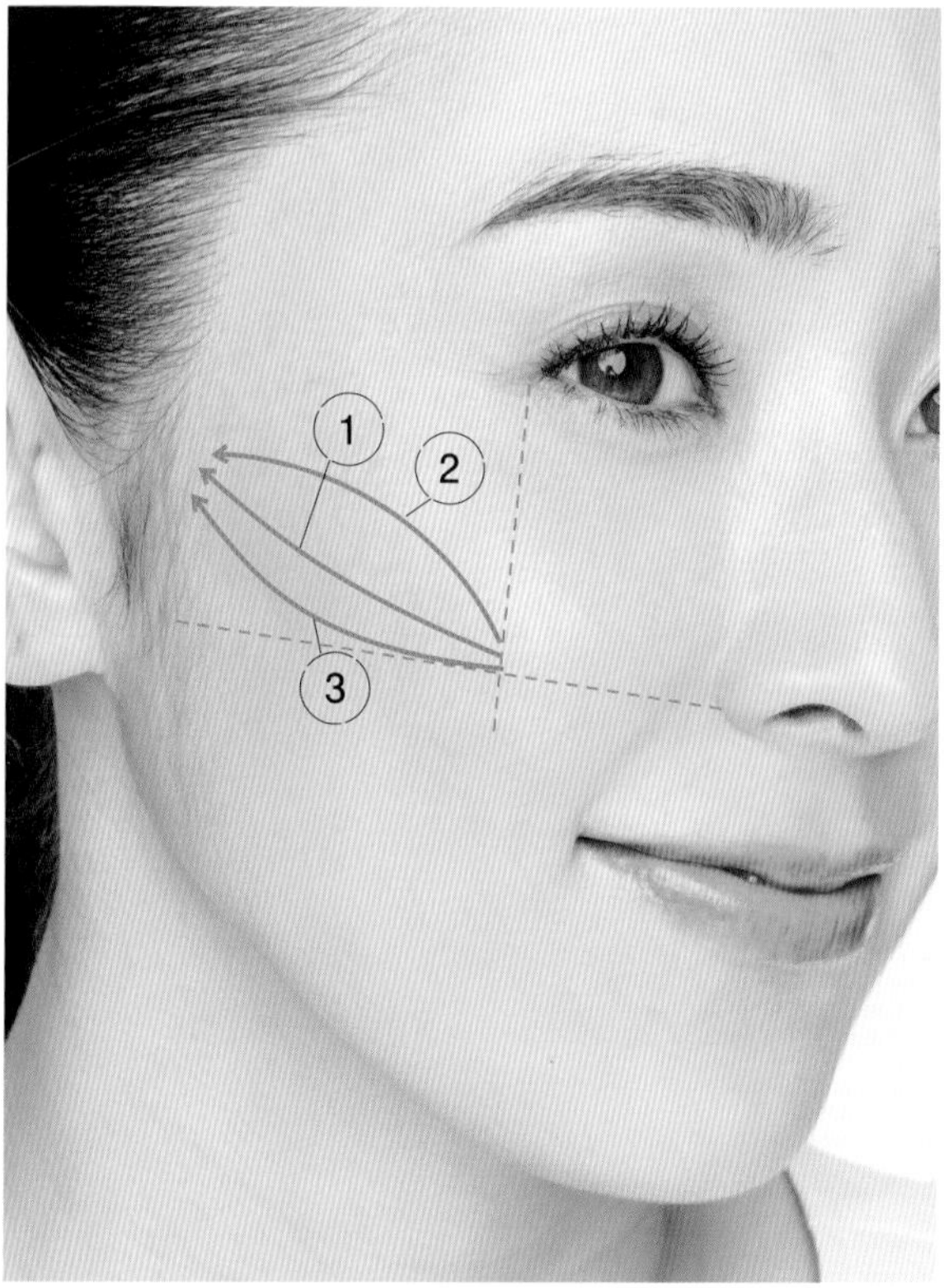

小鼻のふくらみから耳に向かって伸ばした線と、目尻から下ろした線がぶつかるところからチークを入れます。ブラシを耳方向に動かし、頬骨の高い位置でスッと力を抜いてはらいます。同じ塗り方で2回目は最初より少し上のライン、3回目は少し下のラインにのせましょう。小鼻のふくらみより下側に、色がはみ出ないように注意。

難しいチークの色選びも4色チークなら誰でも似合う

肌をイエローベースとブルーベースで分類するパーソナルカラーが人気です。チークも、このパーソナルカラー基準で選ぶ方が増えています。

でも肌色の自己診断はとても難しく、診断する方や環境によってまったく違う結果になることも。厳密に言えば髪の色によっても結果が変わってきます。似合う色がわからず何色のチークを買ったらいいのか悩んだ末、無難にサーモンピンクやアプリコットなどのコーラル系チークを選ぶ方はなんと8割を超えます。「コーラル系なら誰でも似合う」とよく言われるので、その気持ちはとてもわかります。

しかし安全色に思えるコーラル系チークにも、ある落とし穴が。コーラルはピンクとオレンジが混ざった珊瑚色ですが、メーカーやブランドによって色の定義が結構まちまちです。

80%の方が透明感アップを実感

お店に行って、コーラルと書いてあるチークを買ったものの「つけたらなんだか似合わない……」ということが頻発するのはこれが原因。色白の方やピンクっぽい肌の方がコーラル系を使うと、くすんで見えてしまう場合もあります。

そんなチーク迷子の方におすすめなのが、ピンクとオレンジが両方入っている4色セットのパウダーチーク。ブラシでぐるっと色を取れば、4色がブレンドされて万能カラーに。どんな肌色の方でも合うので、色浮きしたり顔色が悪く見えたりする心配がありません。

セザンヌ ミックスカラーチーク01、02、04 各￥680／セザンヌ化粧品

02をブレンドすると、どんな肌色の方にも似合う万能色に。自分の肌に合わせて01や04を選ぶのも◎です。

透明感リップをつくるのは本来の血色感。
血色が悪い唇はくすみ、
ツヤも潤いもありません。
潤いがなくなると
ボリュームがなくなり、リップの
輪郭が曖昧になって不健康な印象に。
大人の唇に透明感を取り戻すべく、
いつものリップメイクをアップデートしましょう。

Part2

リップ

3章

lip makeup

塗りつぶしリップライナーで落ちてもきれいなリップに

色落ちしにくい透明感リップづくりにおすすめしたいのが、リップライナーです。唇の輪郭を描く、なんとなく古くさいコスメだと敬遠する方もいますが、使わないなんてもったいない。

じつは唇の輪郭を描くだけでなく、唇全体に塗れば口紅のベースとしても使えるすぐれもの。口紅のもちをアップさせてくれる、じつはすごいコスメです。口紅が落ちかけても、リップライナーの色は残ってくれるので、唇から色味が消えることがありません。

透明感メイクは、崩れてもきれいでメイク直ししやすいように仕上げますが、リップライナーがこれを実現させてくれるのです。

色は、素の唇に近いものを使います。わからないときは、リップライナーも口紅も、ピンクとオレンジが混ざったような色みのものがおすすめです。そして唇

**リンメル エグザジェレート
リップライナーペンシル 002
¥600（編集部調べ）／リンメル**

素の唇に近い発色です。やわらかい芯でスルスルなめらかに塗れて、唇に負担がかかりません。

90%の方が
透明感アップを実感

全体をそのリップライナーで塗りつぶします。年齢とともに唇がしぼんでくるので、唇の輪郭から少しはみ出すように描き、輪郭を補整します。最後にリップブラシでなじませたら透明感リップのベースが完成。ふっくらとしてくすみのない、明るい唇に整えることができ、縦ジワも目立たなくなります。上から口紅を重ねれば鮮やかに発色し、にじみを防いで色を長持ちさせます。

リップメイクのさまざまな悩みを一気に解決し、透明感リップをつくる魔法級のコスメ、ぜひ使ってみてください。

色落ちしにくいティントリップが定番コスメになりつつあります。唇を一時的に染めて色をつけるリップで、発色もいいので幅広い世代に人気です。しかしメーカーにもよりますが染料が多い傾向があり、乾燥しやすいと言われています。シワっぽくなったりガサガサになったりしないように、あらかじめ対策を。ティントリップを塗る前は、必ずリップクリームやバーム、唇用の美容液などでしっかりと保湿し、唇の縦ジワを埋めてあげましょう。

メンソレータム メルティクリームリップ 無香料
¥450(編集部調べ)／ロート製薬

高保湿・日焼け止め効果・塗り心地抜群・ツヤ仕上げ……どこをとっても満足度の高いリップクリームです。

メイク前の唇保湿で、いつもと違う潤い透明感リップに

唇の皮は薄くとても乾燥しやすいので、どんな方でも保湿ケアは必須です。

でも口紅を塗る直前にリップクリームやリップバームを塗っても、上に重ねた口紅が滑り、色がきちんとのらなかったりにじんだりします。化粧水や乳液が肌になじんでいない状態では、ベースメイクがきれいにのらないのと同じこと。

リップクリームやリップバームなどの保湿アイテムを塗ったら5分くらい時間を置き、きちんとなじませましょう。朝のスキンケアのときにリップクリームを塗っておくと、リップメイクをするころには唇になじみ、程よくしっとりしたベストな状態ができ上がります。5分も待てないときは、ティッシュで軽くオフして余分な油分を落とせばＯＫ。忙しいとメイクを手早く終わらせたくなりますが、そんなときこそ崩れにくくなるようにこのひと手間を加えましょう。

反対に、時間があるときにしておきたいのが、口紅を塗る前のコンシーラー補

DHC リップケア ティント（クリア）￥1280／DHC

唇の水分量・pH 値・体温等で色が変わるので、保湿しながら自分だけのオリジナルな発色を楽しめます。

70%の方が透明感アップを実感

lip makeup

整。筆ペンタイプやチップタイプのコンシーラーで口角の下のくすみを消しましょう。年齢とともに口角が下がり、くすんで影ができやすくなります。口角は品格を表す部位。ここを補整するだけできちんとした印象になり、口紅が明るく見えます。

ちなみに唇の縦ジワでお悩みの方は、リップバームをリップブラシで塗るだけで激変します。ブラシの毛先を縦に動かしシワの溝をしっかり埋めてからブラシを寝かせて面で塗るだけで、ふっくらと若々しい口元が完成します。

口紅の塗り方

1

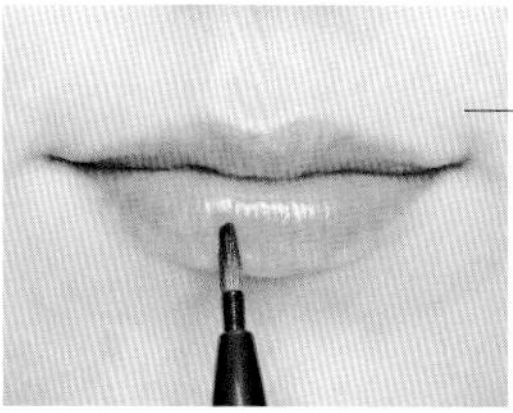

ブラシを縦にし、シワの溝に沿わせるように口紅をなじませる。ブラシを使うことでしっかり密着し、落ちにくくなる効果も

↓

2

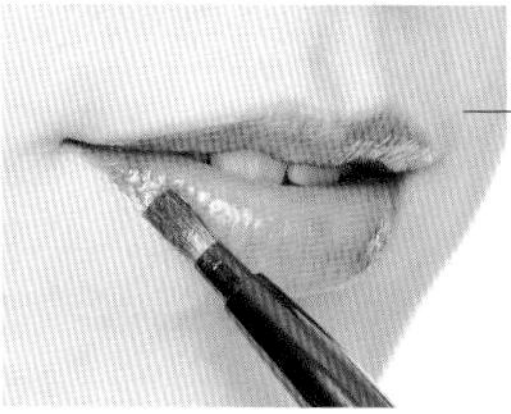

ブラシの面を使って全体を塗る。輪郭のラインがきれいに整い、清潔感があり、きちんとした印象に

↓

3

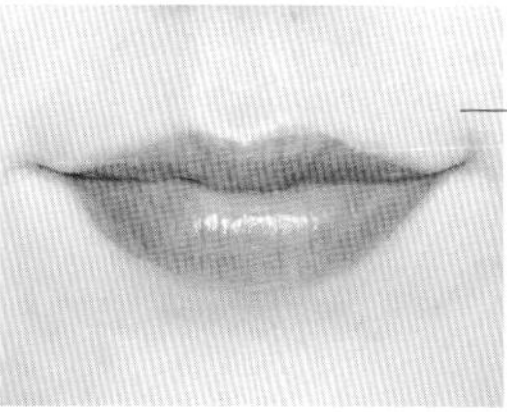

形がよくふっくらみずみずしいリップが完成！　肌なじみがよく、清潔感のある上品な口元に

資生堂リップブラシ（レッド）N 407 ￥1000／資生堂

やわらかな毛と適度にコシのある毛で、やさしくフィットしながらなめらかに描けます。

4章 touch-up makeup

「時間が経っても美しく、崩れても直しやすい」が透明感メイクの証

「メイクは崩れるもの」。
時間が経てば皮脂や汗が出て、
外気に触れれば酸化して色も変化します。
表情の変化・食事・会話で落ちてしまうのも、
ごく自然なことです。
大事なのは直しやすさと直し方。
この章のコツを活かして、
透明感あふれる一日を過ごしましょう。

肌のテカリを透明感に変える保湿系ティッシュのすごい力

テカリ対策にあぶらとり紙を使う方がいると思いますが、私は特に使わなくてもいいと考えています。皮脂がつかなくなるまであぶらとり紙をグイグイと押しつけたり1日に何回も使ったりすると、肌に必要な皮脂まで取りすぎてしまうのです。すると肌は皮脂不足と認識してさらに皮脂を分泌するので、ニキビや肌荒れの原因になりかねません。

あぶらとり紙を肌に押し当てると、指の熱が伝わってファンデーションが溶けてメイク崩れしてしまうことも。

あぶらとり紙の代わりに使ってほしいのが、保湿系ティッシュペーパーです。よくパッケージに「しっとりタイプ」と書いてあります。肌当たりがやわらかくて肌を刺激せず、あぶらとり紙のように皮脂を吸収しすぎることがありません。

70%の方が
透明感アップを実感

使い方にも透明感を復活させるコツが。そのまま肌に当てるのではなく、指の熱が伝わらないように、パフやスポンジに巻いて使います。それを、皮脂の出やすい額や鼻のTゾーンと目の下の美肌エリアに軽く押し当てると、余分な皮脂だけをオフして、必要な皮脂は肌に残せます。テカリが特に気になる夏でもあぶらとり紙ではなく、このティッシュオフテクニックで問題ありません。

余分な皮脂をオフするときは、指の熱でファンデーションを落としすぎないように。パフやスポンジにティッシュペーパーを巻いて使います。力を入れず、軽く押し当てるのがコツです。

ロージーローザ ジェリータッチスポンジ ハウス型6P ￥480／ロージーローザ

頬など広いパーツから小鼻まで、ほどよい厚みでタッピングしやすいスポンジです。

パウダーファンデーションで直すと透明感に蓋がされる

ファンデーションを重ね塗りしてメイクを直す方は少なくありません。でも、ベースメイクがすべて崩れることはごくまれ。崩れていない部分にも重ねると、肌が白浮きしたりのっぺり見えたりする原因に。くすみも目立つようになります。しかも肌をスポンジで引っ張るとかえってヨレてしまうことがあります。直しているつもりなのに、透明感や若々しい印象を消し、かえってメイク崩れを起こしてしまうのです。

ベースメイクのお直しにいちばんおすすめしたいのが、日焼け止め効果のあるプレストパウダー。前ページの方法で気になるテカリを抑えたら、皮脂分泌の多いTゾーンと美肌エリアに、ブラシを使ってふわっと軽くパウダーをのせましょう。余分な皮脂が吸着され、さらりとした肌がすばやく復活します。くすみも消し去ってくれるので、明るく清潔感のある印象を取り戻せます。

タイムシークレット ミネラル プレストパウダー ミディアムオークル ￥1800／msh

SPF50＋、PA＋＋＋＋で紫外線から肌を徹底的に守ります。メイクしたての肌感も長時間キープ。

85%の方が透明感アップを実感

UV防止効果もこの方法で復活。メイク直しは、メイクを元に戻すだけでなく、再び紫外線対策をする時間でもあると考えています。

朝にUV防止効果のある化粧下地やファンデーションを塗っても、皮脂や汗で落ちやすくなりますし、無意識に手で触ったり食事で口を拭ったりしても、メイクは落ちてしまいます。

いくらSPF値が高いコスメを使っても、UV防止の効果はだいたい2時間くらいしかもちません。メイク直しの時間を活用して紫外線対策も行いましょう。

1

半円状のシェル型ブラシがメイク直しに便利。プレストパウダーをまんべんなくブラシに含ませたら、Tゾーン、美肌エリアをなでるようにのせる

↓

2

小鼻のまわりはブラシを立ててパウダーをのせる。こうすると毛先が毛穴部分にもフィットし、しっかりカバーできる

つや肌コンパクトイン ファンデブラシ SPV71302 ¥780／粧美堂

薄くてコンパクトに入る小型サイズ。リキッドとパウダーどちらのファンデーションでも使えるすぐれもの。

頬の「毛穴落ち」だけさりげなく直すのがコンシーラーの役目

朝のメイクでは毛穴をきれいに隠せたのに、時間が経ったらファンデーションが毛穴の凹みに入り込み、かえって悪目立ちすることは、ありませんか？　こうした「毛穴落ち」が気になったときも、前ページでお伝えしたようにパウダーファンデーションを使わずにメイク直しをします。

必要なのは、乳液、ティッシュペーパー、筆ペンタイプかチップタイプのコンシーラー、スポンジ、そして先ほどご紹介したプレストパウダーです。乳液はお店でもらえるサンプルやトラベルサイズの携帯できるものがあると便利。

1

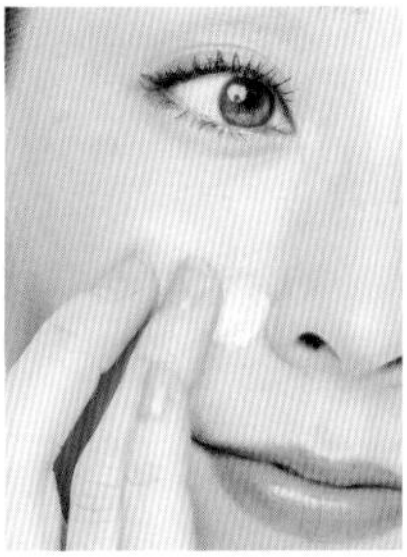

毛穴が目立つ部分に乳液を少量のせてファンデーションをゆるめる。崩れていない部分には、広げない

2

ティッシュパーパーで軽く抑えて①の乳液をオフ

90%の方が透明感アップを実感

まず、毛穴落ちしている部分に乳液を少量塗ります。乳液の油分が崩れたファンデーションをゆるめて、なめらかに整えてくれます。そしてティッシュでオフしたらその部分にだけ、コンシーラーをのせます。なじませるときはスポンジで軽くタッチすれば、まわりのファンデーションと自然につなげられます。最後にプレストパウダーをのせたら完成です。

ファンデーションだけ重ねて直そうとするのではなく、毛穴落ちした部分だけをリセットするのがコツ。厚塗りやムラにならず、きれいに直すことができます。

それぞれのステップは数秒かかる程度。あっという間に直せますから、まずはぜひトライしてみてください。いつものメイク直しとの違いに、きっと驚くはずです。

3

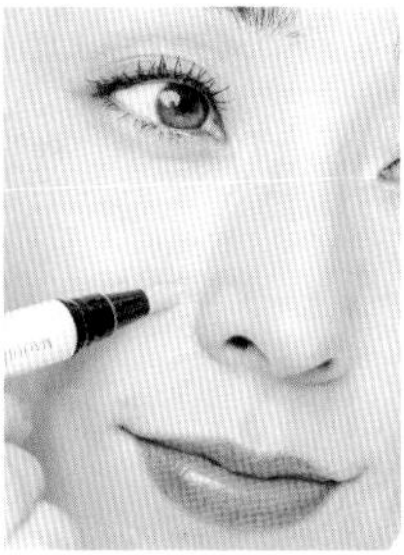

筆ペンタイプやチップタイプのコンシーラーを毛穴落ち部分にだけのせる

←

4

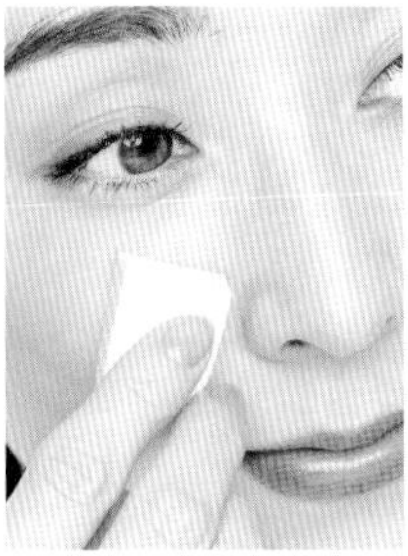

スポンジでトントンとなじませしっかりとフィットさせる

←

5

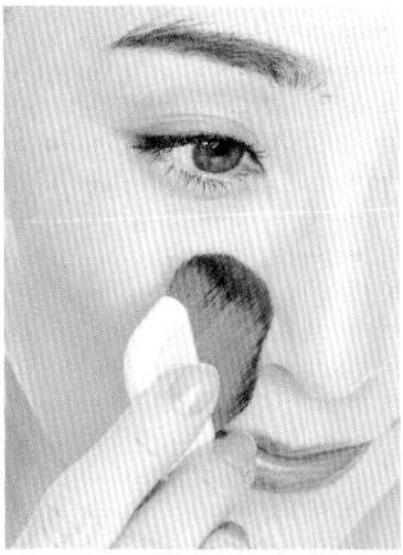

プレストパウダーを上から重ねて完成

保湿ミストをふりかけると透明感がなくなる理由

「メイク直しにはパウダーファンデーションを使わない」とお伝えしてきました。でも乾燥が気になる方は例外。プレストパウダーではなくUV防止効果のあるパウダーファンデーションがおすすめです。プレストパウダーよりも油分が多く保湿効果があるので、乾燥から肌を守ることができます。

メイクの上から使える保湿ミストもありますが、オイル配合で乾燥しにくいものばかりではありません。水分が揮発してかえって乾燥してしまう場合もあるので透明感メイクでは使いません。

手軽に使えそうに見えますが意外とテクニックも必要で肌全体に均一につけるのも結構大変。スプレーの距離が近いとバシャッと顔が濡れ、遠いときちんと肌を保湿できません。距離、角度や量など、テクニックが必要なのです。

メイク直しでパウダーファンデーションを使うと、いつも以上に厚みが出やす

80%の方が
透明感アップを実感

くムラになりやすいのでブラシを使いましょう。130ページの方法でテカリを抑えてから、薄くファンデーションを重ねます。よく、使い古したファンデーションスポンジを使い続けている方を見かけますが、皮脂がついたままのスポンジは空気に触れて酸化し、色も変化しています。皮脂がついたスポンジで肌を押さえても油分で崩れやすくなるだけ。何よりこんなスポンジでメイクをしてもきれいには仕上がりませんし、肌に不衛生なものをつけることになります。

アルブラン 潤白美肌 パウダーファンデーション レフィル ¥4500、専用コンパクトケース ¥1500（共に編集部調べ）／花王

パウダーファンデーションながら自然なツヤをつくり、透明感を与えてくれます。

チークをそのまま重ねると色がにごって老けかねない!?

くすみや疲れが目立ってくる午後や夕方には、チークも酸化しています。つまり、朝の塗りたてのときとは色が変わってしまっている状態です。チークもメイク直しをして、フレッシュな印象と頬の血色感を復活させましょう。

ただしベースメイクと同じで、崩れた上にそのままチークを重ねると、にごって血色が悪く見えますし、色も濃くなりがちです。ティッシュペーパーを肌に軽く押し当て、残っているチークの色と余分な皮脂だけをオフしましょう。

ティッシュペーパーは、メイク直しになくてはならないアイテム。チークやリップをオフする以外にも、テカリやつきすぎた色を抑えたり、ブラシを使った後に粉を払ったりといろいろ活躍してくれます。ポーチやバッグにいつでも入れておきましょう。保湿ティッシュだと肌当たりがやさしいので、よりおすすめです。

ティッシュオフのポイントは、こすらずやさしく肌に押し当てること。こすってしまうと周囲のファンデーションを取りすぎて、崩れを拡大させかねないからです。

ティッシュでやさしく押さえたら、プレストパウダーあるいはUV防止効果のあるパウダーファンデーションをシェル型ブラシでのせてから、チークを塗りましょう。「崩れをリセットして、ベースを復活させる」というひと手間を惜しまないことで、自然な血色感がよみがえります。

キャンメイク マシュマロフィニッシュパウダー MB ¥940／井田ラボラトリーズ

繊細なパウダーで、なめらかなふんわり感のある肌に。ベージュ系オークルはメイク直しに最適です。

たった1本の綿棒が透明感アイメイクを復活させる

アイメイク直しの大敵は「こする」こと。目元は皮膚が薄くデリケートなので肌を刺激しますし、こすると汚れがどんどん広がるからです。綿棒を使って乳液の油分で崩れた部分をゆるめ、ティッシュペーパーでオフし、整えてからコンシーラーを使うのがいちばんうまくいく方法です。綿棒は指よりもピンポイントで塗れるので、崩れ部分が広がりません。

こすらずアイメイクを落とす最大のコツは、綿棒を「回転」させること。綿棒の先に乳液をつけたら、マスカラやアイシャドウが浮いた部分に面を当て、軸をくるくると回転させます。こうするとほとんど力を入れなくても汚れだけをすばやくきれいに絡め取れるのです。保湿もできるので目元の乾燥もケアできます。

メイク直し用の綿棒もあるので、これを使うのもいいでしょう。

マキアージュ コンシーラーリキッドEX ライト・ナチュラル ¥2500（編集部調べ）／マキアージュ

肌にぴったりフィットする筆タイプのコンシーラー。厚ぼったくならない仕上がりを叶えます。

90%の方が
透明感アップを実感

目元のメイク直しテクニック

軽いにじみや粉とびの場合

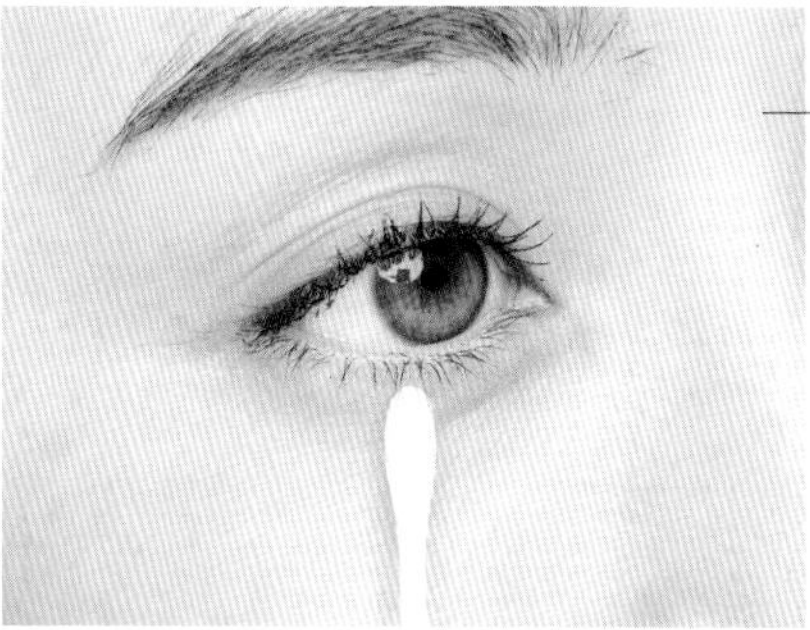

1

乳液を綿棒の先につける。綿棒の軸を回転させながら汚れた部分を絡め取る

↓

2

ペンタイプやチップタイプのコンシーラーをなじませる。目の際にはつけすぎないように

↓

3

プレストパウダーをシェル型ブラシで重ねる

目元のメイク直しテクニック

目の下真っ黒なメイク崩れの場合

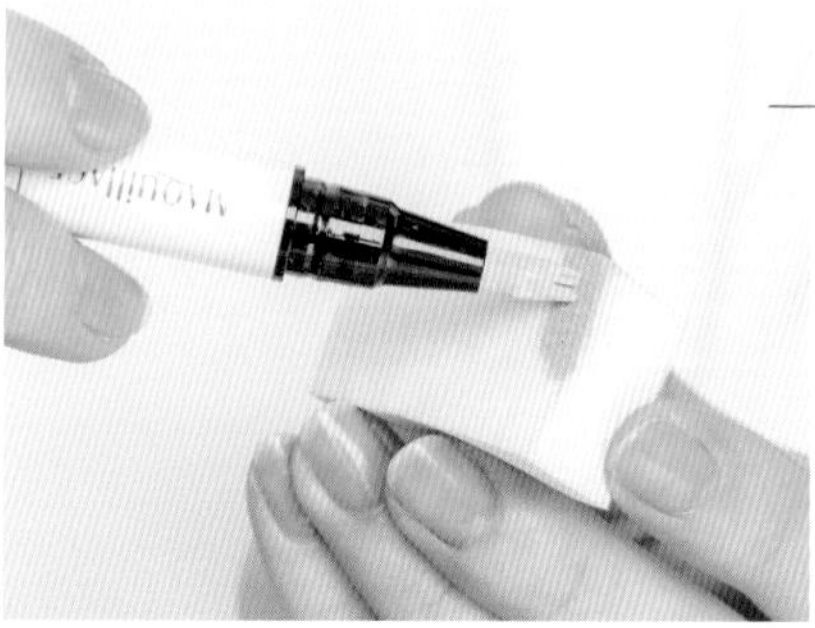

1

リキッドタイプのコンシーラーをスポンジにつける。これでコンシーラーまで黒くなるのを防げる

↓

2

①をこすらず肌に押し当て、汚れをスポンジに移し取る

↓

3

シェル型ブラシでプレストパウダーを重ねる

目元の透明感を取り戻すには眉下ラインだけ直せばいい

眉のメイク直しでは手が目元に触れてマスカラやアイシャドウまで崩壊し、二度手間になることも珍しくありません。

だから眉下だけを直しましょう。アイブロウペンシルで眉山から眉尻にかけての眉下ラインを描き直したら、そこにアイブロウパウダーを重ねれば完成。眉下ラインが整うと眉やまぶたのぼやけた印象がなくなり、目元に再び透明感が宿ります。時間もほとんどかかりません。そもそも透明感メイクなら夕方になっても完全に眉が落ちることがありません。だからこれだけでよいのです。

ちなみにメイク直しで便利なのが、ペンシルとパウダーがついたアイブロウペンシル。片側がアイブロウペンシル、反対側はパウダーつきのチップになったコスメです。持ち運びもラクで、これ1本で眉を直せます。

ケイト ラスティングデザインアイブロウW N(FL) BR-3 ￥1100（編集部調べ）／カネボウ化粧品

簡単に眉が描ける楕円芯のペンシル。パウダーチップ付きで1本で立体的な眉がつくれます。

80%の方が透明感アップを実感

touch-up makeup

透明感に華やかさもプラスする極意

食事会、パーティーや同窓会では、
透明感メイクに華やかさを添えましょう。
さまざまなパーツにラメやパールを使ったり、
鮮やかな色を急に試したりすると、
くすみやシワが目立つことに。
ここでは華やかにするポイントを絞って
品のよさも醸し出します。

5

party makeup

章

肌のアラを目立たせず大人に似合う「ラメの使いどころ」

華やかなイベントのときに気をつけたいのが照明。おしゃれなレストランやバーは暗かったり間接照明だったりして、いつもの透明感メイクだとすっぴんに見える心配が。とはいえ、メイクをすべて変える必要はありません。ワンポイントだけラメ入りコスメを使うと、暗い場所でも映えます。

ラメを使うのは、目元か口元かどちらかのみ。ラメ入りチークを使うとシワや毛穴が目立ちやすく、若づくりに見えてしまうので逆効果。ラメ入りの化粧下地も肌のアラを目立たせるので、大人にはおすすめしません。

目元にラメアイテムを使う場合も注意が必要です。ポイントは下まぶたの目頭から黒目の終わりにかけてラメを入れること。目の上に使うと、まぶたがシワっぽく見えてしまうからです。上まぶたは、普段使っているベージュ系のアイシャドウで透明感も華やかさも十分出せます。

85%の方が
透明感アップを実感

party makeup

光に当たるとキラキラ光るようなラメが入った、アイベースをまぶたに仕込むのも使えるテクニック。アイシャドウを密着させてしっかりキープするのがアイベースの役割で、目元のくすみもカバーしてくれます。華やかな場では笑ったり泣いたりする場面があり、いつもより表情が大きく動きます。その分メイクがヨレたりにじんだりして、目の下が黒くなりがちです。メイクのヨレが不安な方はアイシャドウを塗る前にアイベースを仕込んでおきましょう。

ちなみに行く場所が暗くても、メイクするのは明るい場所で。自然光が入るとベストです。明るい光のなかで、色や全体のバランスを確認して仕上げましょう。

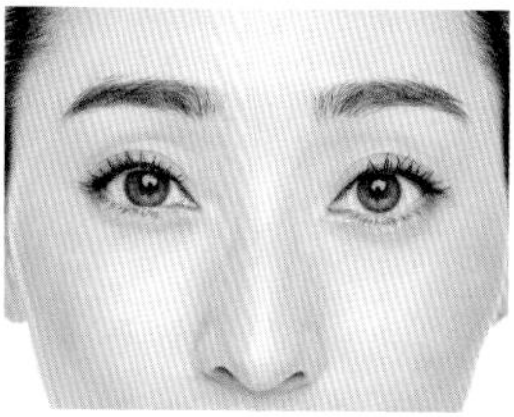

ラメを使うなら、下まぶたがきれいです。肌になじむ淡いピンクやオレンジ系の色を、目頭から黒目の外側までにのせましょう。目元が明るくなり、華やかな雰囲気に。

エクセル アイシャドウベース ¥950／常盤薬品工業

クリームベースで薄く伸びてピタッと密着。アイシャドウの発色と色持ちを格段にアップさせます。

セザンヌ ジェルアイライナー 50 ¥500／セザンヌ化粧品

下まぶたにつけるのがおすすめ。肌なじみ抜群のピンクベージュで大人の瞳に絶妙なキラキラ感をプラスします。

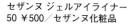

間接照明できれいに見える目元は柄の長い「チップ」でつくる

普段と同じアイシャドウを同じように使っても、ブラシで塗るかチップで塗るかで印象はまるで変わります。使う色も力加減も同じなのに、ツールを変えるだけで、違うニュアンスを楽しめるのです。

普段の透明感メイクではふわっとした感じに仕上げるために、中間色と淡い色はブラシでのせるのをおすすめしていますが、華やかに見せたいときは厚みがあって柄の長いチップを使ってみてください。チップだとアイシャドウのパウダーがしっかりと肌に密着して、色が濃くはっきりとのります。パーティーなど間接照明が使われる暗い空間でもアイメイクが消えることなく、目元の輪郭を強調して透明感を高めてくれます。

ただしアイシャドウパレットについてくる小さなチップではなく、柄の長いものので。その最大の理由は、やさしい力で色をのせられるからです。今は１００円

70％の方が
透明感アップを実感

ショップやドラッグストアにも、質のいいアイシャドウチップが豊富に揃っています。ハンドソープで洗えるから専用クレンザーも不要で、繰り返し使えて経済的。1本持っておくと便利なので、ぜひ探してみてください。

イベントごとは会費や服やヘアアレンジなど、何かとお金がかかります。コスメで散財しなくてもきれいに仕上げる方法はあるので、賢くリーズナブルに華やか透明感メイクを楽しみましょう。

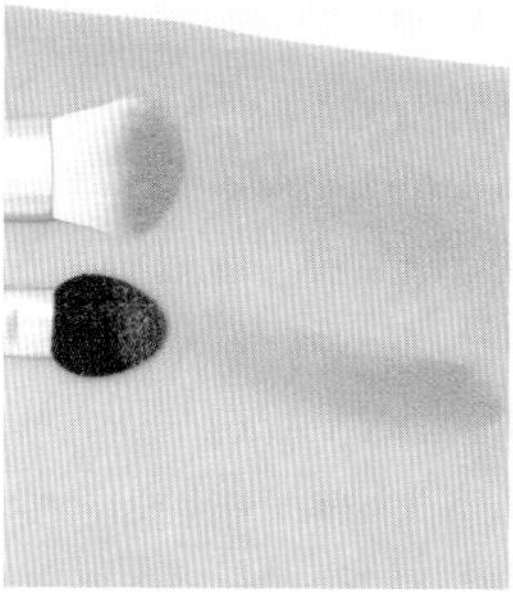

上は、同じアイシャドウをブラシとチップで塗り比べた写真。ブラシを使うとふわっと肌につき、チップだとしっかりと密着して濃く発色します。色を変えなくても普段のメイクと華やかメイクの両方を楽しめます。

ロージーローザ アイシャドウブレンディングブラシ ￥680／ロージーローザ

濃い色は先細平筆で、中間色は丸平筆で。機能性抜群のダブルエンド仕様のアイシャドウブラシです。

ロージーローザ アイシャドウチップ2P ￥280／ロージーローザ

アイシャドウの色をしっかり出したい華やかメイクに最適なアイシャドウチップです。

下のリップラインを引くと華やかな場に負けない品格が

華やかメイクのリップは彩度の高い色よりも、ボルドーなど深くて赤みのある色を。イベントごとの日は鮮やかな色を選びたくなるのですが、暗い空間だとそこだけ浮いてしまうからです。色のトーンを落としたほうが、暗い場所では顔がきれいに見えます。赤みのある口紅は表情が豊かで華やいだ雰囲気をつくり、口の形もきれいに見せてくれます。

合わせてリップライナーを使うとより洗練度が高められます。124ページではリップ下地として唇全体に塗りましたが、全体を塗りつぶすのに加えて下唇のラインをきちんと引くのが華やか透明感メイクの決め手。口角が上がって見えるので笑顔が上品になります。

下唇のラインは、私がリップメイクでいちばんこだわるところ。ここがガタガタしていたりムラになったりにじんだりしていると、雰囲気にまで影響するから、

85%の方が
透明感アップを実感

入念に仕上がりのチェックをします。

だから、上に口紅を重ねるときも輪郭を意識しましょう。スティックから直塗りするのではなく、リップブラシを使って下唇のラインを特に丁寧に塗ってください。唇の輪郭がきれいにつくれると、それだけで顔全体がリフトアップして見えます。

唇が薄い方は、上唇を元のラインから少しオーバーするようにリップライナーを塗りましょう。上唇1：下唇1・5くらいのボリューム感がベストバランス。

こうすると唇がふっくらして見えます。

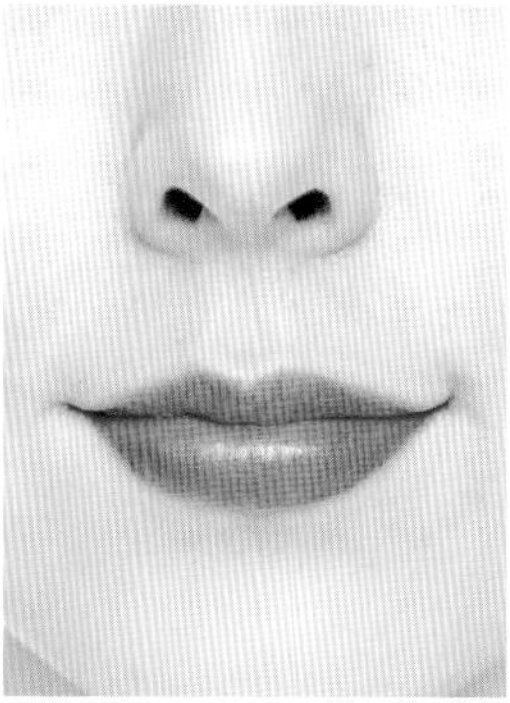

口元の洗練度は下唇ラインで決まります。リップライナーできちんと輪郭を取り、口紅もラインを意識して、ブラシで丁寧に塗ります。キュッと口角が上がりリフトアップした印象に。笑顔も美しく見えます。

オーブ なめらか質感ひと塗りルージュ RS21、RD31、BE41 各￥3200／花王

華やかメイクには赤みのある RD31 がおすすめ。普段のメイクには RS21 や BE41 も活躍します。

自然に若返るならクリームアイシャドウ一択

透明感メイクでは基本的にハイライトは不要です。上級者向けのコスメですし、透明感メイクならツヤも立体感もつくれるからです。

でもメイクに気合いが入るイベントのときは、ハイライトを楽しんでみるのもよいでしょう。顔立ちにメリハリが出て、肌に華やかなツヤが宿ります。失敗しにくいハイライトとしておすすめなのは、なんとクリームアイシャドウ。パウダータイプは粉っぽくて「塗っています感」が出やすく、輝きも人工的。ところがクリームアイシャドウはフィット感が高く、透明感も与えてくれます。ツヤもみずみずしくて、健康的に見えるのがいいところです。

入れる場所は、眉間と鼻筋。眉間には逆三角形に入れましょう。鼻の先端まで縦一直線に入れる方が多いのですが、ここはただでさえ皮脂分泌が盛ん。油分の多いハイライトをのせればさらにテカります。だから鼻のなかでも、左右の目頭

85%の方が
透明感アップを実感

を結んだ位置から小鼻のふくらみまでだけに一直線に入れるのです。ここがスッとしていると美人に見えると言われていて、この部分にいちばん時間をかけるメイクアップアーティストもいるほどこだわりたいパーツです。

こめかみに入れるのもおすすめです。年齢とともに頬骨上の肉が下がるため、こめかみはへこんできます。そこで、チークを少し高めに入れ、こめかみとチーク上にハイライトを入れれば、若々しくなれるのです。

時間があるときにぜひハイライトの練習をして、顔立ちを美しく見せる技を身につけておきましょう。

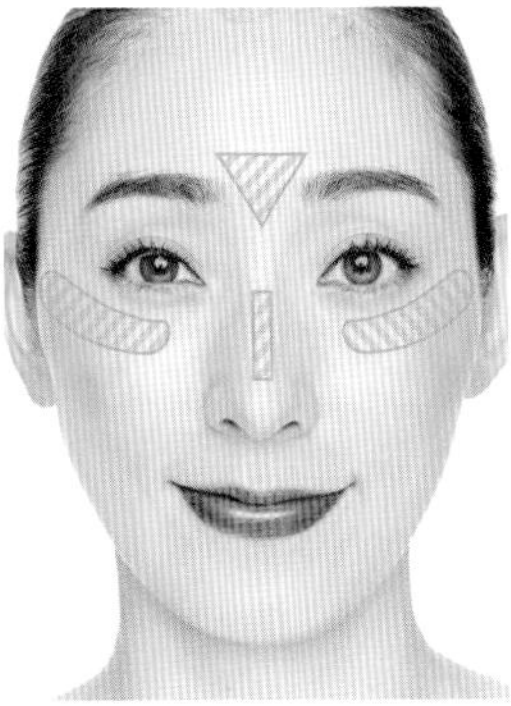

眉間とチークの上、こめかみ、鼻筋の一部に入れると、若々しい印象の顔立ちに仕上がります。

ヴィセ アヴァン　シングルアイカラー クリーミィ103
¥800（編集部調べ）／コーセー

肌なじみがよく自然なツヤで、ハイライトに最適なクリームアイシャドウ。アイシャドウベースにも使えます。

大人メイクの悩みが消えるQ&A

メイクには絶対の正解がないからこそ、
自分が選んだコスメや使い方が
ベストなのかどうか、
わからなくなることも多いと思います。
でもこの章を読めば、それらの疑問が一気に
解決できてメイクがもっと楽しくなること
間違いありません。

Q&A

APPENDIX

Q 茶色のアイシャドウが似合わなくなった気がします

A

茶色のアイシャドウの役割は、目元に立体感を与えることです。ですから、日本人のような東洋系の顔立ちの方にはとても似合いやすい色です。

その役割を考えると、茶色のアイシャドウを使いこなすのにいちばん大事なのは、つける位置とつける手順。98ページでご説明した「濃い色から塗り始め、中間色、淡い色をのせていく」という順番を守れば目元を立体的に演出してくれます。

もしこれから買い足すなら、色味にも注目してみてください。茶色には大きく分けて2種類の色味があります。ベージュっぽく光る茶色と、オレンジや黄色っぽく光る茶色です。

あくまでも目安のひとつですが色が白い方や、日焼け後に肌が赤くなって白く戻る方は、ベージュっぽく光る茶色がおすすめで、日焼けした後に肌が黒くなる方はオレンジや黄色っぽく光る茶色がおすすめです。実際にファンデーションを塗ってから手にのせてみると色味がわかりやすいと思います。

どんな茶色のアイシャドウを買っていいかわからない方、まぶたが黄ぐすみまたは茶ぐすみしている方は、肌なじみがいい赤みがある茶色を選びましょう。

ただ、色や肌の見極めは難しいもの。そもそも広くのせるものではないので、それほど色味を気にする必要はありません。不安な方はプチプラの国産ブランドを。幅広い方に合うようにつくられているので、失敗確率がぐっと下げられます。

エクセル スキニーリッチシャドウSR06 ￥1500／常盤薬品工業

赤みがある茶色のアイシャドウ。パールが、大人にふさわしいツヤ感までつくってくれます。

上がベージュっぽく光る茶色、下がオレンジや黄色っぽく光る茶色です。テスターで色を試すときは、写真のように肌に何種類かのせてみると色の違いがわかります。

Q

ピンクは何歳まで使っていいのでしょうか？

A

このお悩みは結構耳にします。でも、ピンクは透明感をつくり出してくれる色。くすみを補整し、清潔感と優しさ、柔らかさを演出する色です。心理学的には、安心感を与え相手の心を開く色とされ、心理カウンセラーや保育士、歯科助手などの制服にも多く使われます。ですから、営業職や接客業の人には特におすすめです。「子供っぽくなってしまうかも」「若い子向けの色だから」などと思わず、上手に取り入れてほしい色なのです。「青みが強い」と言われるビビッドなピンクのアイシャドウだと、まぶたが腫れぼったく見えることがありますが、それさえ注意すれば大丈夫。

ピンクのアイシャドウを取り入れれば、年齢とともにくすむまぶたも若々しく見せられます。広いところから塗らずに、目の際にのせて、下から左右に広げるワイパー塗りなら腫れぼったくなりません。肌の色ともきれいになじみます。

そもそもピンクが苦手な方なら、オレンジベージュでも透明感はつくれます。オレンジよりフレッシュ感が控えめなので、大人におすすめの色です。小麦色の肌の方にもオレンジベージュはとてもよく似合います。

優しい印象にしたいときはピンク、少しカチッとした印象がほしいときや、華やかあるいはアクティブに見せたいときはオレンジベージュ、とほしいイメージに合わせて変えても楽しいでしょう。

エクセル スキニーリッチシャドウSR05 ¥1500／常盤薬品工業

まろやかなオレンジベージュ。華やかなのに肌なじみがよく、大人にもよく似合う色味です。

Q リップを塗るとすぐに皮がむけてしまいます

A

私の今までの経験だと、個人差はあるものの、特定のブランドのリップで皮がむけた、という声をよく聞きます。リップに入っている成分や仕様が唇に合っていない可能性が高いでしょう。もちろんいちばんは、皮膚科で診察を受けることです。

皮膚の薄い唇は乾燥に弱く皮がむけるなどのトラブルが出やすいパーツです。普段から必要なのは、肌に負担をかけないリップとリップケア。皮むけしやすい方には、肌に負担がかかりにくいアイテムのひとつとしてオーガニックのリップをおすすめしています。保湿のケアとその後に塗るものをオーガニックのものにするといいでしょう。

さらに基本のお手入れも念入りに。寝る前にリップスクラブを使って優しい力で古い角質を取り除きます。それからリップバームを塗ります。リップクリームよりリップバームのほうが油分も多く、保湿効果が高いのでおすすめです。乾燥しやすい時期の朝や日中のメイク直しのときにもリップバームが活躍します。唇に残っている余分な油分や汚れを一度ティッシュで軽く押さえて、その後、リップバームを塗ってから口紅を塗る。唇に残っている口紅の上から塗ってかまいません。油分を与えることで口紅がゆるくなり、保湿されます。リップライナーを使っている方も同様です。そのままバームを上から塗って保湿しましょう。

「コンシーラーをのせて唇の色味を消すと口紅の発色がよく見える」というメイクテクニックがありますが、唇が乾燥します。皮むけしやすい方は控えたほうがいいでしょう。

Q アイラインを絶対にじませない方法はありますか？

A

まず試してほしいのが本書でご紹介したアイシャドウの塗り方です。この塗り方をすると、アイシャドウがフェイスパウダー代わりになります。つまり重ねたアイシャドウが油分を抑え、アイラインがにじんで目の下に移るのを防いでくれるのです。

それでも目の下が黒くなってしまう方は、目の下の逆三角形の部分を触るとペタペタしている可能性大。ファンデーションの油分が目の下に残ったままなので、まばたきをするとどうしてもアイラインが下に移ってしまうのです。

これが目の下が黒くなってしまう原因。それだけアイラインは元々落ちやすいので、メイクの仕上げのときにフェイスパウダーを目の際にのせて色移りを防ぎましょう。

指で目の下を触ってみてペタペタしていたら目の下が黒くなりやすい状態なので、フェイスパウダーブラシでふんわりとパウダーを足しましょう。

目の下が乾燥する方には、フェイスパウダー代わりにミネラルパウダーがおすすめです。ミネラルパウダーは保湿効果もあるので、目の下の乾燥がそれほど気にならないと思います。

ちなみにウォータープルーフのコスメは、クレンジングで負担や手間がかかりやすい傾向が。ホットヨガの先生など湿度が極端に高い場所で働く方以外なら、今回ご紹介した方法で十分です。

ユーアーグラム　カブキブラシ ¥300／ドゥ・ベスト

究極のプチプラブラシなのに肌当たりがなめらか。コンパクトなので持ち運びもできます。

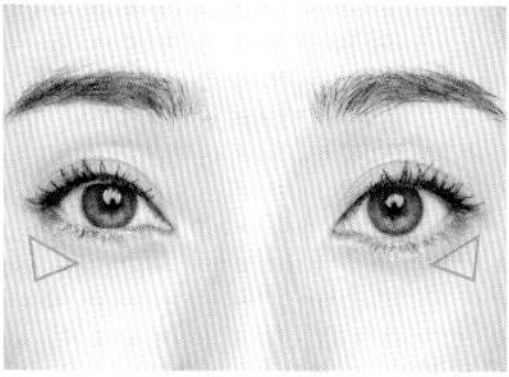

目の下にフェイスパウダーやミネラルパウダーをのせるとアイメイクがにじむのを防げます。

Q ブラシはどのタイミングで**洗えば**いいですか？

A

小学館「ｋｕｆｕｒａ」の記事によると、20代から40代５００人のうち75·8％が月に1回もブラシを洗わないそうです。つまり4人に3人はブラシをほとんど洗っていません。スポンジの場合も、66％の方が洗っていないというデータが出ています。

確かに、どのタイミングでブラシやスポンジを洗うべきか、わからない方が多いのではないかと思います。

基本的に、ベースメイクに使うブラシやスポンジは毎日、チークやリップなどカラーメイクに使うブラシは週に1～2回ほどの頻度で洗うのが理想です。カラーメイクのブラシはティッシュで拭くだけでも随分違います。

ベースメイクなどのリキッドコスメの道具は雑菌が繁殖しやすく、洗わずにいると衛生的によくないので、毎日洗うことをおすすめします。毎日洗えない場合は、いくつか用意して、まとめて洗ってもいいですね。

専用の洗剤がなくても普段使っているシャンプーで十分です。シャンプーと水を1：10の割合にして薄めて洗ってください。十分に乾燥させればまた使えます。

ただし、どんなにこまめに洗っていても、メイク道具は劣化していきます。スポンジやパフは少し手触りが悪くなり弾力がなくなってきたら、ブラシは肌触りが悪くなってきて、毛先がばさついてきたら替えどきです。洗うタイミングだけでなく、交換するタイミングにも気をつけてみてください。

Q コスメの捨てどきがわかりません

A

コスメのラベルを見ると、数字とMという文字が書いてあることがあります。例えば24Mとあるときは、24か月、つまり2年間もちますよという意味です。外資系のコスメは特に明記されていることが多いようです。

ただ私は、1年に1回はコスメを見直しましょうとお伝えしています。開け閉めで外気に触れると酸化して色がきれいに出なくなるからです。

言い換えれば、コスメの寿命を縮めるのは酸化。だから、基本的にキャップや蓋をきっちり閉めるだけで、コスメのもちがよくなります。ファンデーションでも、クリームアイシャドウでも、マスカラでも、口をきっちり閉めることが大切です。ゆるんでいると空気が入り、一気に揮発したり硬化したりして寿命が短くなります。使用した後は口を拭って、きちんと閉める。これで空気が入りにくくなり酸化を防げます。

それぞれ捨てる目安は次の通り。マスカラはキャップを開け閉めしたときに引っかかる感じがしたら。中に空気が入って、固まり始めている証拠です。カラーコスメは発色しなくなったら。リップなどのカラーコスメは酸化したり、油分が揮発したりすると色が抜けてきます。ファンデーションは色と油が分離したら。ポンプ式ならポンプが固くなるのも捨てどきのサインです。ぜひ目安にしてみてください。

Q ブラシを使ってみたいけれど、まず何から揃えるべき？

A

ブラシは種類が多いので、どう選んでいいのかわからないという方が多いようです。まずは使う色の濃淡ごとに3本のアイシャドウブラシを選ぶことから始めてみてください。

1つが淡い色用のブラシ。毛の部分が親指の爪くらいの大きさのものを選びましょう。中間色用のブラシは毛の部分が小指の爪の大きさが目安です。濃い色用のブラシは、毛の部分が平らで厚みが薄いものを選んでください。

チクチクしなければ、毛の質にはあまりこだわる必要はありません。100円ショップのブラシにもよいものがたくさんあります。こだわるなら、肌当たりが柔らかくて柄の長さがあるものを。柄が長い分力が入りにくく使いやすいです。

アイシャドウブラシ以外も使いたい方のために各ブラシの選び方もご紹介します。

眉ブラシは先が斜めになっていて、毛量はあるけれど先端に向かって細くなっているものを。

ファンデーションブラシは毛の密度で見極めます。スカスカだと筋になったりムラになったりするので、高密度のものを選びましょう。

チークブラシは頬骨の幅と同じくらいのものがベストなので、毛束の幅が3〜4㎝くらいのものを。幅広すぎると頬全体に色がついて、赤ら顔になってしまうので注意が必要です。

コンシーラーブラシは毛の幅が薄くてナイロン素材のもの。リキッド状のコスメには、人工毛ブラシを使うのが原則です。

また、フェイスパウダー用のブラシは粉を含みやすくするために、毛の密度が低いものを選びます。

チップや指だけでもメイクはできますが、ブラシを使うといつものメイクが楽しく、快適になります。

ユーアーグラム
デュオアイシャドウ
ブラシA
¥200／ドゥ・ベスト

アイシャドウの淡い色用に。

ユーアーグラム
デュオアイブロウ
ブラシB
¥100／ドゥ・ベスト

眉マスカラやアイブロウパウダーのぼかしに。

ユーアーグラム
デュオアイブロウ
ブラシA
¥200／ドゥ・ベスト

眉頭〜眉尻のアイブロウパウダー用に。

毎日のメイクが楽しくなる、コスパ最強のブラシ

本書でもすでにいくつかご紹介してきた、100円ショップのブラシ。わずか数100円で買えるのに驚くほど高品質です。なんと、馬毛のブラシもあるほど。ここでは私が実際に試したなかで、特におすすめしたいブラシを厳選してご紹介します。

ユーアーグラム
アイシャドウ
ブラシC
¥100／ドゥ・ベスト

アイシャドウの濃い色用に。

ユーアーグラム
デュオアイシャドウ
ブラシB
¥200／ドゥ・ベスト

アイシャドウの中間色用に。

ユーアーグラム
パウダーブラシ
¥200／ドゥ・ベスト

ハイライト用に。

ユーアーグラム
シェーディング
ブラシ
¥100／ドゥ・ベスト

小鼻のふくらみのシェーディング用に。

ユーアーグラム
チークブラシ
¥200／ドゥ・ベスト

パウダーチーク用に。

おわりに

メイクに自信がない方をたくさん見てきました。自信がもてない理由は「高い化粧品ばかり揃えられない」「毎朝バタバタで時間がかけられない」「メイクのやり方を調べても、難しくて理解できない」などさまざまです。

私は、そんな気持ちにとにかく寄り添うことを最優先に、これまでメイク法をお伝えしてきました。きっかけは、メイクレッスンにいらした1人の女性から「メイクを教えてもらっても高級コスメはこんなに揃えられないし、やり方も難しすぎる」といわれて衝撃を受けたことです。

私は販売員やメイクトレンド発信など化粧品業界でキャリアを積んだのちに、パーソナルメイクアップトレーナーとして独立しました。パーソナルメイクアップトレーナーの仕事は、お客様の悩みにあったメイク方法をお伝えすることです。

このお客様に出会ったのは独立して3年ほど経ったころ。一人ひとりの悩みを解決したいと思って独立したので、そのひと言はとてもショッキングでした。しかも、アンケートでもいい評判をいただき、基本のメソッドを丁寧に教えることには自信があった時期でした。今振り返ると「お客様目線でメイクを教えているつもり」になっていたのだと思います。みなさん、どんなにメイク法を調べても「高くて買えない」「トレンド感が強くて大人に似合わない」という悩みが解消できなかった。だから「いつものコスメをどう使えばうまくいくのか」を探し求めて私のところに来てくださっていたのに、それを理解できていませんでした。

そこから一念発起し「誰でも再現できるか」「本当にやりたいメイクか」に徹底的にこだわってメイク法を追求していきました。一般女性のお顔で何千回も検証し、メイクに悩みがある方や普段メイクしない方からも意見をうかがいながら改良を重ねる毎日。今でもそうですが、ドラッグストアやバラエティストアなどに通い詰めて、すべて自分で購入し、最新コスメのチェックを欠かしませんでした。こうしてできたのが、どこでも買えるコスメを使い、最低限のお金と時間で誰もが再現できる「透明感メイク」です。今はプチプラコスメも本当に品質がいいのでそのよさを引き出すために、使用するコスメのアイテム数と工程を削りました。

その結果、今では地方在住の方や海外にお住まいの方も含めて、多くの方がレッスンにいらしてくださり、受講後にはみなさん「自分が持っているコスメでも悩みが解決できるんだ」「近所のお店で買える身近なコスメだったから真似したい」と笑顔になってくださいます。

この本を通してメイクが苦手・嫌いという方にも、「メイクってこんなに楽しいんだ！」「私にもできた！」と笑顔になってもらえるのが、いまの私の心からの願いです。

２０２０年１月　ＳＨＵＮ

Shop List

井田ラボラトリーズ／0120-44-1184

インターナショナルコスメティックス／03-5825-7588

エテュセ／0120-074-316

msh／0120-131-370

花王／0120-165-691

カネボウ化粧品／0120-518-520

コーセー／0120-526-311

資生堂／0120-81-4710

粧美堂／03-3472-7896

セザンヌ化粧品／0120-55-8515

ディー・アップ／03-3479-8031

DHC／0120-333-906

ドゥ・ベスト／03-3815-9011

常盤薬品工業／0120-081-937

ネイチャーズウェイ／0120-06-0802

パナソニック理美容健康商品 ご相談窓口／0120-878-697

マキアージュ／0120-456-226

リンメル／0120-878-653

ロージーローザ／0120-253-001

ロート製薬お客さま安心サポートデスク／06-6758-1230

コスメはすべて税抜き表示です。掲載商品は2020年2月時点での情報です。
衣装はスタッフ私物です。

Staff

ブックデザイン

上城由佳（近江デザイン事務所）

モデル

殿柿佳奈（Space Craft）

写真

田頭拓人

ヘアスタイル

YURI

編集協力

石山照実（フェント）、小林賢恵
鷗来堂

DTP

天龍社

写真

PanKR/PIXTA

編集

蓮見美帆（サンマーク出版）